W0413402

50 EXERCICES pour DÉVELOPPER SON CHARISME

Groupe Eyrolles
61, Bd Saint-Germain
75240 Paris Cedex 05

www.editions-eyrolles.com

Géraldyne Prévot-Gigant est psychothérapeute, coach en développement personnel et formatrice.
Maître-praticien en PNL et hypnothérapeute, elle anime des groupes de parole et des stages. Vous pouvez la retrouver à l'adresse suivante : www.geraldyneprevot.com

ISBN : 978-2-212-54535-7

Géraldyne Prévot-Gigant

50 EXERCICES pour DÉVELOPPER SON CHARISME

Deuxième tirage 2014

EYROLLES

Dans la même collection :

Philippe Auriol et Marie-Odile Vervisch,
50 exercices pour apprendre à s'engager.

Philippe Auriol et Marie-Odile Vervisch,
50 exercices pour s'affirmer.

Sophie et Laurence Benatar, *50 exercices de relooking.*

France Brécard, *50 exercices pour savoir dire non.*

Christophe Carré, *50 exercices pour maîtriser l'art de la manipulation.*

Christophe Carré, *50 exercices pour résoudre les conflits sans violence.*

Laurie Hawkes, *50 exercices d'estime de soi.*

Bernadette Lamboy, *50 exercices pour être bien dans son corps.*

Laurence Levasseur, *50 exercices pour gérer son stress.*

Laurence Levasseur, *50 exercices pour prendre la parole en public.*

Laurence Levasseur, *50 exercices pour profiter du moment présent.*

Paul-Henri Pion, *50 exercices pour lâcher prise.*

Jacques Regard, *50 exercices pour ne plus subir les autres.*

Jacques Regard, *50 exercices pour ne plus tout remettre au lendemain.*

Jacques Regard, *50 exercices pour retrouver le bonheur.*

Jean-Philippe Vidal, *50 exercices pour mieux communiquer avec les autres.*

Sommaire

Introduction

« Le charisme, c'est inné », « seuls les gens beaux ont du charisme »... Voilà quelques-unes des croyances – fausses ! – qui circulent sur le sujet.

Le charisme est un rayonnement personnel qui peut se révéler et se développer. Dans cet ouvrage, nous nous intéresserons au charisme humain, lumineux et rayonnant, très éloigné des standards du charisme autoritaire et manipulateur.

Les personnes charismatiques ont ce « petit quelque chose » indéfinissable inhérent à leur personnalité affirmée. Elles ont une bonne connaissance d'elles-mêmes, sont bien dans leur corps et ont développé l'art du relationnel. Ce sont des gens aimés et aimables, qui attirent et suscitent des sentiments forts. Bref, ils ne passent pas inaperçus !

Les exercices de ce livre, didactiques et ludiques, s'adressent aussi bien aux personnes estimant ne pas avoir de charisme qu'à celles qui souhaitent développer une personnalité déjà bien marquée. Même si certains exercices semblent simples, ils vous apprendront bien plus qu'un long discours. Nous vous invitons à respecter l'ordre proposé. En revanche, si une partie ne semble pas vous concerner, n'hésitez pas à passer à la suivante.

Vous commencerez par faire le point sur votre « niveau » de charisme et par définir l'objectif visé à travers la lecture de cet ouvrage (partie 1), puis vous vous pencherez sur l'estime et l'amour que vous vous portez pour faire en sorte de vous accepter (partie 2). Vous prendrez ensuite conscience qu'être bien dans son corps est une base indispensable pour développer la confiance en soi et exprimer sa personnalité (partie 3). Ainsi, vous réaliserez que vous êtes unique. Vous découvrirez ensuite comme il est ludique de tester de nouvelles façons de communiquer (partie 4). Vous apprendrez à aller davantage vers les autres et à apprécier cette ouverture au monde. Enfin, vous vous familiariserez avec le plaisir de vous montrer tel que vous êtes (partie 5).

À la fin de cet agréable parcours, vous constaterez que l'on peut être fier de soi en toute simplicité.

1

Définir son objectif

« L'homme n'a pas besoin de voyager pour s'agrandir : il porte en lui l'immensité. »
François René de Chateaubriand

Lorsqu'on part en voyage, il est nécessaire d'avoir dans sa besace : une boussole, une carte routière, de l'eau et des biscuits. Les exercices qui suivent vont vous permettre de rassembler tous ces éléments, afin de voyager tranquille et d'arriver à bon port.

Vous commencerez par prendre conscience de l'idée que vous vous faites du charisme (la carte routière). Puis vous ferez le point sur vos valeurs (la boussole), vos croyances (les biscuits) et vos ressources (l'eau).

Ces exercices d'autodiagnostic constituent le bagage indispensable pour un voyage agréable sur le chemin du charisme. Faites-les sérieusement, vous vous donnerez le maximum de chances d'atteindre votre but.

Bonne route !

Exercice n° 1 • Le charisme… et vous

Commencez par définir ce que vous entendez par le mot « charisme ».

Suivez les instructions ci-dessous, en prenant le temps de réfléchir quelques minutes à chaque étape.

1. Donnez votre définition du charisme.

2. Entourez parmi les mots ci-dessous ceux qui, selon vous, définissent le charisme.

Grâce Prestige Séduction Ascendance Aura Prestance
Fascination Leadership Don Admiration Respect
Domination Admiration Sympathie Rayonnement
Classe Amour Puissance Différence Popularité
Attraction Coquetterie Attirance Succès

3. Pensez-vous avoir du charisme ? Pourquoi ?

4. Que changera dans votre vie le fait d'avoir davantage de charisme ?

----

5. Faites la liste des personnes que vous trouvez charismatiques (il s'agit de personnalités médiatiques ou d'individus faisant partie de votre entourage).

Commentaire

Voici quelques définitions du charisme :

- *« aura indéfinissable que possède quelqu'un, souvent liée à sa prestance, qui est capable de susciter l'adhésion, la fascination d'un grand nombre de personnes [1] » ;*
- *« influence sur les foules d'une personnalité dotée d'un prestige et d'un pouvoir de séduction exceptionnels [2] » ;*
- *« qualité qui permet à son possesseur d'exercer un ascendant, une autorité sur un groupe [3] ».*

1. http://fr.wiktionary.org.
2. Larousse Multidico, 2002.
3. Le Petit Robert, 2004.

Nous nous attacherons, dans cet ouvrage, à l'aspect « séduction » du charisme et nous laisserons de côté la facette « pouvoir » ou « autorité ». Le charisme est en effet proche de la séduction, définie comme l'« action, le fait de séduire quelqu'un, de l'attirer irrésistiblement, de le charmer par un pouvoir plus ou moins indéfinissable [1] ».

Exercice n° 2 • Autodiagnostic

Cet exercice va vous permettre de faire le point sur votre « niveau » de charisme. Soyez le plus honnête possible !

Entourez le chiffre correspondant à votre cas pour chacune des situations suivantes.

		Pas du tout	Très peu	Un peu	Beaucoup	Énormément
1	Vous aimez les compliments.	1	2	3	4	5
2	Vous relevez facilement les challenges.	1	2	3	4	5
3	Vous pensez que vous méritez d'être heureux.	1	2	3	4	5
4	Vous aimez être pris en photo.	1	2	3	4	5
5	Le matin avant de sortir, vous vous regardez toujours dans la glace.	1	2	3	4	5
6	Vous appréciez votre corps.	1	2	3	4	5
7	Votre ligne vous convient.	1	2	3	4	5
8	Vous pratiquez régulièrement un sport.	1	2	3	4	5

1. Larousse Multidico, 2002.

		Pas du tout	Très peu	Un peu	Beaucoup	Énormément
9	Vous savez prendre soin de votre corps.	1	2	3	4	5
10	Vous aimez rencontrer des gens.	1	2	3	4	5
11	Entrer dans un lieu public est facile pour vous.	1	2	3	4	5
12	Vous êtes d'un naturel plutôt extraverti.	1	2	3	4	5
13	Vous aimez le changement.	1	2	3	4	5
14	Vous aimez parler en public.	1	2	3	4	5
15	Vous dites facilement « non ».	1	2	3	4	5
16	Vous savez stopper une relation « toxique ».	1	2	3	4	5
17	Sourire est pour vous un réflexe naturel.	1	2	3	4	5
18	Vous avez plus de cinq amis (qu'ils soient proches ou non).	1	2	3	4	5
19	Vous possédez plus de dix numéros de téléphone non professionnels dans votre portable.	1	2	3	4	5
20	Au moins un ami vous appelle chaque jour.	1	2	3	4	5
21	Lorsque vous entrez dans un lieu public, la majorité des personnes vous regardent.	1	2	3	4	5
22	Les gens recherchent votre présence.	1	2	3	4	5
23	Vous savez convaincre.	1	2	3	4	5
24	Certaines personnes ne peuvent s'empêcher de vous prendre pour modèle.	1	2	3	4	5
25	On se souvient toujours de vous.	1	2	3	4	5

Analyse des réponses

Faites la somme des chiffres entourés.

***Votre score est inférieur à 50** : avant de travailler votre charisme, vous devez passer par certaines étapes primordiales (l'estime de soi, l'amour de soi, puis l'ouverture aux autres et au monde). Vous pourrez ensuite développer une certaine forme de rayonnement. Prenez le temps nécessaire pour expérimenter les exercices proposés dans cet ouvrage étape par étape.*

***Votre score est compris entre 50 et 70** : il y a certainement des domaines ou des situations dans lesquels vous êtes à l'aise et d'autres au contraire où vous ne vous sentez pas bien du tout. Regardez ci-dessous à quelles parties se rapportent vos « points faibles », afin de consacrer plus de temps aux exercices qui les composent.*

***Votre score est supérieur à 90** : félicitations ! Vous avez une bonne relation avec vous-même et donc avec autrui. Regardez ci-dessous quelles sont les propositions pour lesquelles vous avez le moins de points et soyez particulièrement attentif aux exercices correspondants. Même si vous êtes déjà charismatique, vous pouvez encore développer cet atout.*

Si votre score est particulièrement faible pour les propositions :

- *1 à 5, la partie 2 « S'accepter » vous sera utile ;*
- *6 à 9, la partie 3 « Se sentir bien dans son corps » pourra vous aider ;*
- *10 à 20, la partie 4 « Cultiver l'art du relationnel » ne pourra vous faire que du bien ;*
- *21 à 25, la partie 5 « Rayonner » est pour vous.*

Exercice n° 3 • Que travailler en priorité ?

Selon vous, quels sont les points à travailler en priorité pour développer votre charisme ?

Dans le tableau suivant, cochez les éléments à travailler, puis classez-les par ordre d'importance, du plus urgent au moins urgent.

		Ordre de priorité
Ma voix et/ou mon élocution	❑	
Ma coiffure	❑	
Mon maquillage	❑	
Mes vêtements	❑	
Ma silhouette	❑	
Mes mains	❑	
Mes accessoires (bijoux, cravates, chapeaux...)	❑	
Ma capacité à entrer en contact avec autrui	❑	
Mon estime et ma confiance en moi	❑	
Ma capacité de séduction	❑	
Mon rayonnement naturel	❑	
Mon capital sympathie	❑	

Commentaire

Cette étape vous permet de focaliser votre attention sur ce qui est à travailler en priorité. Nous reviendrons sur la plupart de ces points au cours de l'ouvrage.

Vous noterez que de nombreux éléments concernent l'apparence physique. Une expérience scientifique[1] *réalisée à l'université de Berkeley a mis en évidence l'importance de l'apparence. Un certain nombre de personnes devaient observer des individus en photo et dire ce qu'elles pensaient d'eux. Les résultats ont montré que les évaluations intuitives des observateurs correspondaient bien au caractère des personnes photographiées. Il semble donc que chacun d'entre nous peut se faire une idée à peu près exacte des gens, simplement en observant leur langage corporel et non verbal (positionnement du corps, des épaules), leur tenue vestimentaire (harmonie des couleurs, goût) et l'expression de leur visage (fermé, ouvert, souriant ou non).*

1. « Votre apparence physique vous révèle », *Cerveau et Psycho* n °37 (tiré de L. Naumann, *et al.*, « Personnality judgments based on physical appearance »), in *Personnality and Soc. Psychol. Bulletin*, sous presse.

Exercice n° 4 • Formulez votre objectif

Certes vous souhaitez développer votre charisme, puisque vous avez acheté cet ouvrage, mais peut-être pouvez-vous définir plus précisément votre objectif.

Suivez les indications ci-dessous.

1. Notez en une phrase votre objectif.

Je ne veux plus passer inaperçu.

2. Votre objectif doit être formulé de manière positive, car les tournures négatives ne sont pas comprises par l'inconscient (si l'on vous dit « ne pensez pas à un citron », vous allez visualiser un citron avant de le chasser de votre esprit). Reformulez votre objectif si ce n'est pas le cas.

Je désire vraiment être rayonnant.

3. Votre objectif doit être précis et spécifique. Détaillez le cadre dans lequel vous souhaitez l'atteindre.

Je désire vraiment être rayonnant au sein de mon cercle d'amis.

Commentaire

Vous connaissez maintenant les caractéristiques d'un objectif correctement formulé, et le vôtre est devenu plus clair. Lors de cet exercice, vous avez certainement des images qui vous sont venues à l'esprit ou bien des sensations qui sont apparues. L'étape suivante vous invite à les utiliser pour clarifier votre objectif.

Exercice n° 5 • Clarifiez votre objectif

Vous avez défini votre but. Vérifiez maintenant que vous avez mis toutes les chances de votre côté pour l'atteindre.

Répondez aux questions suivantes, en vous accordant un petit moment de réflexion à chaque étape.

1. Votre objectif doit être « mesurable ». Comment saurez-vous que vous l'avez obtenu ? Que verrez-vous ? Qu'entendrez-vous ? Que ressentirez-vous ?

2. Votre objectif doit être atteignable. Dépend-il de vous ?

____

____

3. De quelles ressources intérieures disposez-vous pour l'atteindre ?

____

____

____

4. Y a-t-il des inconvénients à atteindre cet objectif ? Lesquels ?

____

____

____

5. Y a-t-il des obstacles à dépasser pour atteindre cet objectif ? Lesquels ?

____

____

____

Commentaire

1. Votre objectif doit être mesurable, c'est-à-dire qu'il vous faut un moyen de savoir que vous l'avez obtenu (ressentis, pensées, endroit où vous êtes, etc.).

2. Votre objectif doit dépendre de vous seulement. Ainsi, vous n'avez rien à attendre de personne.

3. Connaître vos ressources va vous faciliter la vie et vous faire gagner du temps. Souvenez-vous que vos ressources sont votre « eau » pour voyager longtemps.

4. et 5. Il est toujours bon de connaître nos blocages et les obstacles qui nous empêchent d'atteindre un objectif. Cet ouvrage va vous permettre de graduellement vous libérer de chaque blocage. Au fur et à mesure que vous avancerez dans les exercices, vous remarquerez que vous vous rapprochez de votre but.

Exercice n° 6 • Un objectif cohérent avec vos valeurs

Continuons à vérifier que votre objectif est le bon ! Il doit être en accord avec les valeurs qui vous guident dans la vie.

Répondez aux questions posées ci-dessous.

1. Pourquoi votre objectif est-il important pour vous ? Ne cherchez pas à faire de phrases, faites la liste des mots qui vous viennent spontanément à l'esprit.

_ _

_ _

_ _

2. Qu'est-ce qui est important pour vous dans la vie ? Notez les mots qui émergent de votre esprit.

3. À présent, comparez vos deux listes. Y a-t-il des valeurs en contradiction ?

Commentaire

*Si certains termes de vos deux listes entrent en conflit, il est nécessaire de revoir votre objectif et d'en définir un conforme à vos valeurs fondamentales (reprenez les exercices **n° 4** et **5** en gardant cette notion à l'esprit). Si vous ne respectez pas cette étape, vous ne réussirez pas à atteindre votre objectif ou, en tout cas, seulement de manière éphémère.*

Exercice n° 7 • Un peu d'imagination !

Finissons-en avec votre objectif. Pour être sûr de pouvoir le réaliser, il est indispensable que vous en ayez une représentation précise, surtout visuelle. Nous vous proposons pour cela de faire appel à votre imagination.

Suivez le guide étape par étape.

1. Installez-vous confortablement et fermez les yeux. Prenez le temps de respirer bien profondément pendant une ou deux minutes. Détendez-vous...

2. Maintenant que vous êtes bien détendu, imaginez-vous dans quelques mois, après avoir atteint votre objectif. Quelle image de vous visualisez-vous ? Observez-la quelques instants, puis décrivez-la dans le détail (habillement, environnement, personnes présentes, etc.).

_ _

_ _

_ _

_ _

_ _

3. Cette image est-elle en couleurs ou en noir et blanc ? Est-elle claire ou sombre ? Est-elle composée de couleurs très vives ou de teintes pastel ?

_ _

_ _

4. Que ressentez-vous : du bien-être, du soulagement, de la joie, de la fierté... ?

_ _

_ _

_ _

Commentaire

Plus votre image est en couleurs et lumineuse, mieux c'est ! Si vous ressentez des sentiments agréables en la visualisant, c'est parfait : gardez alors le contact avec elle, car elle vous donnera l'énergie pour la vivre dans la réalité. Sachant qu'une partie de votre cerveau ne fait pas de différence entre ce que vous imaginez et la réalité, on peut dire que votre objectif est presque déjà atteint !

Vous pourrez à l'avenir utiliser cette méthode lorsque vous vous fixerez de nouveaux objectifs. Avec un peu d'entraînement, la visualisation deviendra de plus en plus facile.

2

S'accepter

« S'aimer soi-même, c'est l'assurance d'une longue histoire d'amour[1]. »
Oscar Wilde

Une personne qui a du charisme est avant tout quelqu'un qui s'apprécie. C'est un individu en paix avec lui-même, qui admet qu'il n'est pas parfait et qui accepte ses défauts autant que ses qualités.
Pour s'apprécier davantage et acquérir de l'assurance, il est nécessaire de se connaître, de se faire respecter, de savoir dire non et d'avoir conscience de ses atouts.
L'acceptation de soi est donc la toute première étape incontournable sur le chemin du charisme.

1. *Les Ailes du paradoxe*, Le Livre de Poche, 1996.

Exercice n° 8 • Quand vous n'êtes pas d'accord...

Cet exercice va vous permettre d'observer de plus près votre façon de gérer vos désaccords avec les autres.

Répondez aux questions suivantes le plus honnêtement possible.

1. Quand le comportement d'une personne que vous connaissez **peu** vous déplaît, que faites-vous ? Le lui faites-vous remarquer (plus ou moins directement) ou vous taisez-vous ?

2. Quand le comportement d'une personne que vous connaissez **bien** vous déplaît, que faites-vous ? Le lui faites-vous remarquer (plus ou moins directement) ou vous taisez-vous ?

3. Lors d'une conversation avec des collègues, osez-vous formuler votre désaccord sur un sujet important ? sur un sujet mineur ?

4. Si des amis vous proposent une séance de cinéma, donnez-vous votre avis sur les films qu'ils souhaitent voir même s'il est négatif ?

Commentaire

Il est possible que vous n'osiez pas toujours affirmer que quelque chose vous déplaît. Or avoir confiance en soi, c'est aussi assumer le fait de dire ce que l'on n'apprécie pas. Si vous êtes trop souple et si vous n'osez pas dire « je n'aime pas… », vous ne serez pas remarqué par les autres. Les personnes qui ont du charisme ont confiance en elles et osent formuler leur désaccord avec charme.

Exercice n° 9 • Positionnez-vous avec élégance

Exprimer son désaccord avec élégance est tout à fait possible. Pour cela, il vous faut opter pour la bonne formulation. Nous vous proposons de vous entraîner.

Parmi les propositions suivantes, quelles sont celles qui marquent le désaccord de manière diplomate ?

1. Je ne suis pas d'accord avec vous…

2. Non ! Vous avez tort...

3. Je comprends votre point de vue, cependant...

4. Oui, mais...

5. Le problème, c'est...

6. C'est votre point de vue, j'ai le mien !

7. Je n'ai pas la même vision des choses.

Solution

Les réponses qui conviennent le mieux sont les 3, 6 et 7. Les réponses 3 et 7 sont indéniablement les plus élégantes, car la personne qui les prononce respecte le point de vue de son interlocuteur tout en affirmant le sien. La réponse 6 est à utiliser sans agressivité, car elle entraîne une distance vis-à-vis de l'autre et peut paraître trop brutale.

Les personnes qui savent prendre position et dire non attirent plus que les autres. Par leurs désaccords, elles suscitent la curiosité. Attention à ne pas systématiquement s'opposer, car un individu toujours à contre-courant déclenche l'effet inverse : le rejet. À vous de bien doser vos désaccords !

Exercice n° 10 • Les autocritiques

Peut-être ne vous rendez-vous pas compte du nombre de critiques que vous vous adressez mentalement chaque jour. Cet exercice est l'occasion de les pointer du doigt une à une.

Suivez les indications ci-dessous (l'idéal est d'emmener ce livre avec vous pour la journée).

1. Au quotidien, avez-vous l'impression de vous critiquer un peu, beaucoup, pas du tout ?

_ _

_ _

2. Durant toute une journée, dès que vous émettez une critique envers vous-même, notez une croix en face de la phrase qui vous semble la plus proche de cette critique. Il peut y avoir le soir venu plusieurs croix en face d'une même phrase. Si rien ne correspond, inscrivez votre critique ci-dessous.

Je suis trop gros/trop maigre...

J'ai de grands pieds/de vilaines mains...

J'ai des jambes trop courtes/en poteau/trop maigres...

J'ai un gros nez/de trop grandes oreilles/une vilaine bouche...

Je suis trop bête/Quel idiot !

Je suis vraiment incapable de bien faire.

J'aurais encore dû me taire/ne rien faire...

Ils ont dû penser que j'étais incompétent/idiot/nul...

Autres :

_ _

_ _

_ _

_ _

_ _

3. Le soir venu, faites le point. Combien de fois vous êtes-vous critiqué aujourd'hui ? Êtes-vous surpris par ce résultat ? Que signifie-t-il ?

_ _

_ _

_ _

_ _

Commentaire

L'objectif de cet exercice est de vous faire remarquer à quel point vous vous malmenez. Or avoir du charisme, c'est être son meilleur ami. Autocritique et charisme ne font donc pas bon ménage !

Lorsque les critiques émergent, il est nécessaire d'avoir des antidotes sous le coude pour les contrer. Un conseil : ANTICIPEZ ! Trouvez les phrases opposées à vos critiques préférées, et chaque fois que vous vous surprenez à vous blâmer, utilisez-les immédiatement. Dites-vous par exemple :

- *« Je fais du mieux que je peux » si vous avez pensé « je suis vraiment incapable de bien faire » ;*
- *« À chacun son intelligence » si vous avez pensé « il a dû croire que j'étais complètement idiot », etc.*

Cet exercice est à répéter tous les jours, jusqu'à ce que les autocritiques aient quasiment disparu. Petit à petit, votre regard sur vous-même va changer, et vous aurez le sentiment d'être vu différemment par les autres.

Exercice n° 11 • Les qualités de vos défauts

Avoir du charisme est lié à la confiance en soi, elle-même liée à l'acceptation de soi. Le célèbre psychanalyste Carl G. Jung pensait que l'être humain est constitué d'une part d'ombre (ce qu'il refoule, ses défauts, ce qu'il n'aime pas en lui...) et d'une part de lumière (ses qualités humaines, ses potentiels relationnels et créatifs...). Apprendre à s'aimer, c'est apprendre à aimer sa part d'ombre.

Suivez les instructions ci-dessous en étant le plus honnête possible.

1. Faites la liste de tout ce que vous n'aimez pas en vous, vos défauts notamment.

Je suis égoïste.

2. Interrogez-vous sur l'origine de vos défauts. Qui dans votre famille a (ou avait) les mêmes ?

3. Reprenez la liste définie dans la question 1 et sélectionnez vos trois principaux défauts. Vous allez maintenant envisager leurs aspects positifs.

1er défaut : ____________________________________

Quels sont ses bénéfices secondaires ?

Mon égoïsme m'apporte la possibilité de prendre soin de moi, de revendiquer plus facilement certaines choses face à mes proches (organiser les vacances que j'aime, par exemple) ou de dire non sans difficulté.

____

____

____

____

2e défaut : ____________________________________

Quels sont ses bénéfices secondaires ?

____

____

____

____

3e défaut : ____________________________________

Quels sont ses bénéfices secondaires ?

____

____

____

____

Commentaire

Plus nous rejetons notre part d'ombre, plus elle est présente. Autrement dit, plus nous refusons de voir nos défauts, plus ils ont d'impact sur notre vie quotidienne. En découvrant leurs bénéfices secondaires, vous entamez un processus de paix avec eux. Ainsi, vous ne les refoulez plus, vous les accueillez comme une autre dimension de vous-même. Vous remarquerez que vous vous trouverez de moins en moins souvent dans des situations encourageant vos anciennes attitudes. Enfin, vous véhiculerez, sans en être conscient, d'autres messages à vos interlocuteurs.

Exercice n° 12 • Faites la paix avec un défaut

Et si vous faisiez la paix avec votre principal défaut, identifié dans l'exercice précédent ?

Rendez-vous dans un endroit calme où vous ne serez pas dérangé et suivez les instructions ci-dessous.

1. Installez-vous confortablement et respirez profondément pendant une minute. Ne pensez à rien.

2. Portez votre attention sur votre cœur, ressentez de la reconnaissance envers vous-même et dirigez en pensées de la bienveillance vers votre part d'ombre.

3. Pensez à votre défaut principal, puis formulez la phrase suivante dans votre tête ou, mieux, à haute voix, en y mettant du cœur : « J'assume ce défaut et il devient une part de moi-même. J'ai de la reconnaissance envers lui. »

4. Prenez quelques instants pour observer ce que vous ressentez et ce qui se passe en vous (pensées, émotions...). Notez ce que vous vivez ci-dessous.

Commentaire

Vous pouvez refaire cet exercice avec chacun de vos défauts. Si vous parvenez à accepter autant votre part d'ombre que votre part de lumière, vous remarquerez certainement des changements en vous : vous serez par exemple plus détendu. Votre nouvel équilibre vous permettra d'entrer en relation avec les autres de manière naturelle, et vos relations seront plus fluides.

Exercice n° 13 • Vos atouts

Après avoir analysé vos défauts, il est temps d'étudier de près vos qualités !

Suivez les indications ci-dessous.

1. Listez les personnages fictifs ou historiques que vous admirez, et notez en face de chacun d'eux une qualité que vous leur reconnaissez.

Napoléon : pugnacité

2. Nous ne pouvons reconnaître chez l'autre que ce que nous avons en nous (sur le plan conscient et inconscient). Ainsi, la qualité que vous admirez chez autrui est forcément une qualité déjà présente en vous mais inactive, refoulée ou inconsciente (il en est de même pour les défauts repérés chez autrui). Reprenez maintenant les qualités attribuées aux personnages dans la question précédente et essayez de voir si elles ne vous concernent pas également.

Commentaire

Cet exercice est très important, car il vous permet de prendre conscience de qualités que vous avez en vous sans le savoir. Imaginez que vous êtes porteur d'un sublime diamant au centre de vous-même et que vous l'ignorez, jusqu'à ce qu'un jour vous croisiez quelqu'un de perspicace qui vous dit : « Tu as vu là, au centre de ta poitrine, tu as un magnifique diamant qui scintille de mille feux ! »

Tous les humains sont porteurs d'une certaine forme de lumière, sauf que certains n'en sont absolument pas conscients.

Exercice n° 14 • Vos succès

Peut-être avez-vous eu un moment de doute à la lecture du titre de cet exercice : « Mes succès, quels succès ? ! » Ce que vous mettez au rang de succès dépend essentiellement de votre vécu. Nous l'entendons ici au sens de « quelque chose que vous avez réussi », ni plus ni moins.

Faites la liste de tous vos succès, petits et grands. Ne vous limitez surtout pas : plus la liste est longue, mieux c'est !

Ma naissance ; la première fois que j'ai marché ; quand on m'a retiré les roulettes arrière de mon vélo, ma dernière promotion...

Commentaire

Il y a de nombreux succès que nous minimisons, car ils nous semblent « normaux ». Certes, tout le monde fait un jour ses premiers pas, mais imaginez quelques instants le sentiment de victoire qui a dû vous envahir lorsque vous avez réussi cet exploit ! Ne sous-estimez pas les premières fois de votre vie, ce sont des succès très importants.

Conservez cette liste et n'hésitez pas à la compléter au fur et à mesure que des souvenirs vous reviennent en mémoire. Relisez-la souvent, elle vous aidera à prendre ou reprendre confiance en vous.

Exercice n°15 • La rencontre du matin

Cet exercice très simple est à pratiquer plusieurs matins de suite, jusqu'à ce que vous vous sentiez vraiment complice avec vous-même.

Suivez les indications ci-dessous sans brûler les étapes, et notez chaque jour vos impressions.

1. Le matin, regardez-vous dans le miroir de votre salle de bains. Que ressentez-vous ? Que se passe-t-il en vous ?

2. Le matin suivant, regardez-vous et souriez-vous. Que ressentez-vous ?

3. Le matin suivant, regardez-vous, souriez-vous et dites-vous « bonjour ! ». Que ressentez-vous ?

4. Le matin suivant, regardez-vous, souriez-vous, dites-vous « bonjour ! » et félicitez-vous d'avoir franchi une nouvelle étape vers le charisme. Que ressentez-vous ?

----

5. Reprenez chaque matin le petit rituel de la question **4** et faites le point au bout d'une ou deux semaines. Vous sentez-vous différent ? Ce moment est-il devenu important dans votre journée ? Est-il agréable ? Vous met-il de bonne humeur ?

Commentaire

*Observez quelle a été pour vous l'étape la plus difficile à franchir (questions **1** à **4**). Cette prise de conscience vous indique ce qui vous freine, ce qui vous empêche d'établir une bonne relation avec vous-même (et donc avec les autres !).*

- *Si vous ne parvenez pas à vous regarder dans le miroir, c'est que vous rencontrer est difficile. Vous portez certainement un regard critique sur vous-même et c'est bien dommage. Commencez par accepter votre visage et pensez aux personnes qui vous apprécient. Faites en sorte de vous voir avec leurs yeux.*
- *Si vous ne parvenez pas à vous sourire, c'est que vous ouvrir à vous-même vous pose problème. Êtes-vous en colère contre vous ? Si oui, notez les reproches que vous vous adressez sur un carnet afin de prendre du recul.*
- *Si vous ne parvenez pas à vous dire bonjour, c'est que ce dialogue vous paraît peut-être absurde. Et pourtant ! Entrer en communica-*

tion avec soi-même, c'est se rapprocher de soi et devenir un allié pour la vie entière.

• Si vous ne parvenez pas à vous féliciter, c'est que vous estimez peut-être que ce dont vous pouvez être fier est sans valeur. Reprenez l'exercice ***n° 14****. Il est inutile de grimper l'Everest pour se complimenter.*

Petit à petit, votre rituel du matin deviendra un rendez-vous agréable, facile, grâce auquel vous démarrerez la journée du bon pied.

Exercice n° 16 • Face à vous-même

Vous voilà parvenu à la fin de cette partie. Nous vous proposons de faire le point : où en êtes-vous dans l'acceptation de vous-même ?

Lisez chaque phrase et cochez la case « Oui » ou « Non » suivant le cas le plus rapidement possible.

	Oui	Non
Ma devise : « Parce que je le vaux bien ! »		
J'ose couper la parole à mon interlocuteur.		
Je bannis l'expression « pardon de vous déranger ».		
Je me souris chaque jour.		
Je dis « non » plus souvent.		
Je ne passe pas une journée sans rire au moins une fois.		
Je ne passe pas une journée sans m'accorder un petit plaisir.		
Je suis capable de rire de mes défauts.		
J'exprime mon désaccord plus souvent.		
En cas de conflit, je négocie.		

Commentaire

Ce petit tableau vous permet de découvrir ce qu'il vous reste à développer en termes de compétences, car ce sont véritablement des compétences que vous venez d'apprendre à utiliser : entrer en contact avec vous-même, entretenir une relation positive avec vous-même et les autres, dire « non » avec élégance, vous positionner, etc. Les propositions pour lesquelles vous avez répondu par la négative sont à travailler.

***Si vous avez coché moins de 5 « Oui »** : vous avez encore un petit bout de chemin à parcourir pour vous rapprocher de vous-même. Vous ne vous appréciez pas encore assez. Continuez à vous entraîner à l'aide des prochains exercices et revenez de temps en temps faire le point avec ce tableau.*

***Si vous avez coché plus de 5 « Oui »** : bravo ! Vous avez progressé et vous vous accordez de la valeur et de la légitimité. Continuez à mettre en pratique dans votre vie de tous les jours les exercices de ce chapitre. Vous êtes maintenant prêt à découvrir votre relation avec votre corps.*

3

Se sentir bien dans son corps

« Il y a plus de raison dans ton corps que dans ta meilleure sagesse[1]. »
Friedrich W. Nietzsche

Observez les mouvements des personnes qui ont du charisme, ils sont généralement gracieux et harmonieux. On voit très vite quand une personne est bien dans sa peau.
Il n'est pas nécessaire d'être un *top model* pour avoir du charisme, loin de là ! L'harmonie qui se dégage des individus charismatiques vient du fait qu'ils acceptent leur corps et sont détendus.
Se libérer des propos blessants ou des comparaisons désobligeantes entendues sur son physique, porter un regard nouveau sur soi, prendre soin de son corps et s'accorder du temps, voilà le programme de cette partie !

1. *Ainsi parlait Zarathoustra*, Flammarion, 2006.

Exercice n°17 • Prenez-vous soin de votre corps ?

Nous aurions pu nommer cet exercice « Prenez-vous soin de vous ? », car la manière dont vous vous occupez de votre corps traduit également celle dont vous vous considérez. Pour développer son charisme, il est nécessaire de prendre soin de soi.

Cochez les cases « Oui » ou « Non » selon le cas.

	Oui	Non
Vous avez bénéficié de conseils de relooking.		
Vous renouvelez régulièrement votre garde-robe.		
Vous allez régulièrement chez l'esthéticienne ou le coiffeur.		
Vous avez bénéficié de conseils morphologiques afin d'adapter votre coiffure à votre visage.		
Vos mains sont soignées.		
Vous prenez soin de votre dentition pour avoir un beau sourire.		
Vous pratiquez un sport plusieurs fois par semaine.		
Vous vous autorisez une grasse matinée ou une sieste le week-end.		
Vous mangez sainement et surveillez vos apports calorifiques.		

Analyse des réponses

Comptabilisez le nombre de cases cochées dans la colonne « Oui ».

***Votre score est supérieur ou égal à 6** : bravo, vous prenez soin de vous ! Continuez de la sorte, vous êtes sur le bon chemin.*

***Votre score est compris entre 4 et 6** : vous prenez plutôt soin de votre corps, mais vous pourriez mieux faire. Regardez dans le tableau ce que vous pouvez vous offrir dès à présent, afin de vous sentir encore mieux dans votre peau.*

Votre score est inférieur à 4 *: vous ne prenez pas soin de vous, vous faites juste le minimum. Peut-être estimez-vous que cela serait du temps perdu ou bien n'avez-vous réellement pas le temps de vous en préoccuper. Réfléchissez dès maintenant à un réaménagement de votre emploi du temps, afin de dégager des plages à vous consacrer. Prendre soin de soi, c'est aussi s'accorder du temps pour se ressourcer.*

Exercice n° 18 • À vos crayons !

Comment vous voyez-vous physiquement ? Cet exercice est l'occasion de vous représenter tel que vous imaginez être.

Prenez une feuille et un crayon et suivez les indications ci-dessous.

1. Dessinez votre silhouette telle que vous la ressentez, telle que vous la voyez. Ne cherchez pas à faire un dessin artistique, laissez-vous aller.

Exemple :

Mon dessin :

2. Que vous inspire votre dessin ? Vous plaisez-vous ?

_ _

_ _

_ _

_ _

_ _

_ _

3. Pensez-vous que votre dessin est fidèle à la réalité ? Les parties du corps qui vous complexent le plus ont-elles été dessinées de manière réaliste ?

_ _

_ _

_ _

_ _

Commentaire

Quand certaines parties de notre corps nous complexent, nous avons tendance à exagérer leur reproduction. Avec cet exercice simple, vous pouvez en prendre conscience. Il vous permet de réaliser que votre regard sur vous-même n'est absolument pas objectif.

Exercice n° 19 • Vos complexes

Êtes-vous de ceux qui imaginent qu'il faut attendre de se trouver parfait pour avoir confiance en soi ? Eh bien, n'attendez plus, car vous aurez toujours des défauts ! Le but est de devenir réaliste et non mégalomane. Comme charisme ne rime pas avec « corps parfait », vous pouvez dès maintenant accepter vos défauts physiques.

Répondez aux questions suivantes de la manière la plus honnête possible.

1. Quels sont les trois endroits de votre corps qui vous complexent le plus et pourquoi ?

1. ______________________________________

____

2. ______________________________________

____

3. ______________________________________

____

2. À présent, dites-vous : « Un corps parfait est un corps sans personnalité ! » Regardez vos défauts sous cet angle : qu'y a-t-il comme aspects positifs à avoir ces défauts-là ?

1. ______________________________________

____

2. ____________________________________

____

3. ____________________________________

____

3. Notez maintenant une phrase pour chaque complexe qui signifie que vous faites la paix avec lui. Par exemple pour votre nez : « À partir d'aujourd'hui, je m'engage à dire du bien de toi ! »

1. À partir d'aujourd'hui, je m'engage à____________________

____

2. À partir d'aujourd'hui, je m'engage à____________________

____

3. À partir d'aujourd'hui, je m'engage à____________________

____

Commentaire

Oui, vous avez des défauts qui vous complexent, mais cela ne doit pas vous empêcher de vous épanouir. Plus vous serez en harmonie avec vous-même et plus l'importance accordée à vos complexes diminuera. À partir d'aujourd'hui, engagez-vous à aimer vos défauts, c'est le plus beau cadeau que vous puissiez vous faire. Une personne ayant du charisme est une personne qui s'assume, c'est ce qui la rend charmante et intéressante. Par ailleurs, en vous acceptant tel que vous êtes, vous décidez de ne pas vous fondre dans le moule, de vous positionner différemment des « standards » véhiculés par la société. Or une personne charismatique n'est pas comme tout le monde !

Exercice n° 20 • Le physique et le charisme

Nous avons souvent comme idée reçue le fait que le charisme soit lié à la beauté physique. Et vous, quel lien faites-vous entre charisme et physique ?

Répondez aux questions suivantes.

1. Pensez-vous que le fait d'avoir de la présence soit lié au physique ?

2. Quand et dans quelles circonstances avez-vous associé le charisme au physique ?

3. Les personnes que vous trouvez charismatiques sont-elles toutes belles ?

4. Les personnes belles sont-elles toutes charismatiques ?

Commentaire

1. *Non, la qualité de présence d'un être n'est absolument pas liée à son physique ! Le nez et le strabisme de Barbara Streisand l'ont-ils empêchée de faire une carrière internationale ? Il en est de même pour Dany Boon et ses oreilles décollées, ou Dustin Hoffman et sa petite taille (ce dernier, soit dit en passant, a connu de nombreuses histoires d'amour avec les plus belles femmes du cinéma).*

2. *Si vous associez fortement charisme et beauté physique, c'est probablement dû à un événement qui s'est produit dans votre vie ou à des phrases récurrentes de proches à propos de la beauté qui sont devenues des croyances limitantes. Il est important que vous en ayez conscience pour pouvoir vous en défaire et changer d'angle de vue.*

3. *Regardez bien les personnes charismatiques que vous trouvez belles. Le sont-elles vraiment ou est-ce leur charisme qui brouille les pistes ? Si elles ne sont pas toujours belles, leur charme et leur rayonnement vous subjuguent. Vous pouvez dès à présent jeter aux oubliettes votre bonne vieille croyance qui associe beauté et charisme.*

4. *Non, toutes les personnes belles n'ont pas forcement du charisme. Une personne peut être belle à regarder sans déclencher de fascination, sans avoir de personnalité marquée. Les personnes ayant du charisme suscitent plutôt la curiosité, la volonté d'en savoir plus, de les connaître.*

Exercice n° 21 • Des propos blessants

Vous avez peut-être en tête des phrases assassines du type : « Ma pauvre ! Tu as malheureusement hérité du vilain nez de tante Agathe... », « Tu serais si bien avec quelques kilos en moins », ou encore : « Regardez-moi cette grande gigue tout en os ! » Elles n'ont pas forcément été prononcées avec l'intention de nuire, et pourtant...

Replongez-vous dans votre enfance et suivez les instructions ci-dessous.

1. Allez fouiller dans les albums de famille, et sélectionnez quelques photos de vous enfant ou adolescent. Regardez-les attentivement pour vous réimprégner de l'état d'esprit qui était le vôtre à l'époque.

2. Vos parents vous disaient-ils : « Je t'aime » ? Vous disaient-ils que vous étiez un beau petit garçon ou une jolie petite fille ?

3. Quand vous étiez enfant ou adolescent, que disait-on de votre physique ? Avez-vous souffert de phrases désobligeantes (même si elles n'avaient pas pour but de vous blesser) ? Notez-les ci-dessous.

---

4. Avez-vous souffert de comparaisons avec d'autres membres de la famille ? Lesquelles ?

Commentaire

L'estime de soi se construit durant l'enfance et l'adolescence. Des remarques désobligeantes sur notre physique à cette époque peuvent avoir un impact inconscient désastreux et fausser notre rapport à nous-mêmes toute notre vie. Certaines phrases pernicieuses laissent ainsi des traces indélébiles.

Ces réflexions sont souvent le résultat de projections des autres (principalement les parents) sur soi. Or il est fort probable que ceux qui projettent de la sorte aient eux-mêmes souffert de ce genre de réflexions et qu'ils n'aient pu s'empêcher de reproduire le processus sur leur enfant. Il est donc inutile de leur en vouloir. Si vous avez été la cible de ce genre d'attaques, passez d'urgence à l'étape suivante.

Exercice n° 22 • Petit rituel libérateur

Vous vous êtes remémoré dans l'exercice précédent les propos désobligeants que vous avez entendus sur votre physique, il est temps maintenant de vous en libérer !

Suivez pas à pas les étapes indiquées ci-dessous.

1. Notez sur une petite feuille de papier la phrase « assassine » du passé concernant votre physique, celle qui vous a fait le plus de mal. Mettez-y toute l'émotion qu'elle réveille en vous.

2. Choisissez parmi les rituels suivants celui qui vous semble le plus libérateur. Au moment où vous le mettez en œuvre, laissez partir avec le papier les images, les sensations et les convictions négatives liées au passé…

- Brûlez le papier et jetez les cendres dans la terre, dans un fleuve, dans la mer, etc.
- Pliez le papier, glissez-le dans un jouet ou un objet représentant votre enfance et jetez-le dans un fleuve ou bien enterrez-le.
- Mettez le papier dans une enveloppe avec un timbre sans y noter d'adresse et postez-la.
- Trouvez un lieu en hauteur avec du vent. Déchirez le papier en petits morceaux et jetez-le au vent.

3. Qu'avez-vous ressenti durant le rituel ?

4. Une fois votre rituel de libération réalisé, comment vous sentez-vous ?

Commentaire

Cet exercice est un vrai « booster » de changement. Il suffit de respecter les différentes étapes et d'être attentif à ses ressentis. Prenez le temps de bien choisir le rituel que vous allez suivre.

Il se peut que cet exercice vous émeuve : laissez alors vos larmes couler, c'est signe que vous vous déchargez d'émotions négatives. Vous faites en quelque sorte votre deuil pour passer à autre chose. Félicitez-vous de cette étape importante.

Enfin, soyez attentif à vos rêves, ils pourront vous donner des indices sur les changements intérieurs en cours.

Exercice n° 23 • Corps et âme

Votre corps et votre esprit sont intimement liés. Votre inconscient s'exprime à travers votre corps et vous pouvez en apprendre beaucoup sur vous-même rien qu'en étant attentif à vos douleurs corporelles. Inversement, vos émotions se traduisent physiquement.

Suivez les instructions ci-dessous.

1. Cochez les émotions négatives que vous ressentez le plus souvent dans votre vie.

❑ Colère ❑ Haine ❑ Angoisse ❑ Tristesse ❑ Peur

❑ Frustration ❑ Jalousie ❑ Honte ❑ Culpabilité ❑ Envie

2. Précisez à quel endroit du corps chaque émotion se fait sentir et les circonstances dans lesquelles elle apparaît.

Émotion	Endroit du corps	Circonstances
Colère	*Boule de rage dans le ventre*	*Lorsque mon collègue me rabaisse devant tout le monde*

3. Repensez aux dernières fois où vous avez eu une douleur physique (mal au ventre, à la tête, au dos, à la gorge, etc.). Y avait-il à ce moment-là des causes de stress dans votre vie ?

Commentaire

Plus vous serez conscient de vos émotions, plus vous pourrez les canaliser et tendre vers la détente et la paix intérieure. Votre corps est votre meilleur allié dans cette découverte de vous-même, il est le support idéal pour traduire ce qui est inconscient.

Exercice n° 24 • Détente immédiate

Comme nous venons de le voir, le corps et les émotions sont liés. La relaxation peut être une manière d'atténuer la portée de vos émotions en cas de stress. Nous vous en proposons une première ci-dessous.

Suivez les étapes dans l'ordre proposé, l'idéal étant que quelqu'un vous les lise au fur et à mesure.

1. Asseyez-vous confortablement et veillez à ce que vos pieds soient bien à plat sur le sol. Fermez les yeux, puis observez les pensées qui traversent votre esprit.

2. Au bout d'un certain temps, votre mental devrait être plus calme (de moins en moins de pensées vous viennent à l'esprit). Observez durant quelques minutes le mouvement de votre respiration, votre torse qui se soulève à l'inspiration et qui s'abaisse à l'expiration.

3. Portez ensuite votre attention sur vos pieds. Imaginez qu'une lumière dorée et chaude se glisse dans vos deux pieds, qui se relâchent et se relaxent. Imaginez ensuite que cette lumière chaude et douce se glisse dans vos jambes, qui se relâchent et se détendent, jusqu'à vos hanches. Continuez de la sorte en visualisant la lumière qui entre dans vos mains et remonte jusqu'à vos épaules. Sentez comme vos muscles se relâchent sur son trajet. Puis la lumière continue son chemin et se glisse dans votre dos, votre ventre et votre torse. Tout votre corps se relaxe encore et encore. Pour finir, la lumière se glisse dans votre nuque et votre crâne. Toute votre tête reçoit cette jolie lumière.

4. Tout votre corps est désormais détendu et baigne dans la lumière dorée. Restez ainsi les yeux clos autant de temps que vous le souhaitez, puis ouvrez tranquillement les yeux et bougez doucement vos membres avant de vous lever pour reprendre vos activités.

5. Quelles ont été vos sensations ?

6. Y a-t-il eu une région du corps plus difficile à détendre ? Cette partie du corps vous pose-t-elle souvent problème ?

7. Avez-vous eu du mal à obtenir le « calme mental » ?

Commentaire

Il est important de pratiquer régulièrement cette relaxation si vous souhaitez avoir cette ressource à disposition en cas de stress. Avec un entraînement régulier, vous ne mettrez pas longtemps à atteindre un état de calme intérieur.

Vous pouvez aussi enregistrer les étapes de cette relaxation en allant à votre rythme, et écouter l'enregistrement quand vous en éprouvez le besoin. L'idéal est l'enregistrement MP3 sur votre mobile, car il sera ainsi disponible à tout moment.

Exercice n° 25 • La relaxation debout

Voici un autre genre de relaxation, à pratiquer sans modération !

Suivez les étapes ci-dessous dans l'ordre proposé.

1. Dans un endroit calme, tenez-vous debout, les pieds bien à plat au sol, légèrement espacés de quelques centimètres. Veillez à plier un peu les genoux, de manière à moins cambrer le dos et à vous sentir bien stable.

2. Posez délicatement vos mains sur votre ventre.

3. Fermez les yeux et portez votre attention sur la plante de vos pieds. Focalisez-vous sur les sensations au niveau de cette partie de votre corps. Découvrez à quel point vos perceptions s'affinent au fur et à mesure que vous vous concentrez sur la plante de vos pieds. Restez ainsi quelques minutes.

4. Imaginez que vous êtes un arbre, avec des racines qui s'enfoncent dans le sol, cela développera votre ancrage au sol et votre stabilité.

5. Remontez votre attention le long des jambes, veillez à ce qu'elles ne soient pas crispées. Puis portez votre attention sur votre ventre, qui doit être détendu. Portez ensuite votre attention sur vos épaules, qui doivent être relâchées. Les traits de votre visage sont lisses et votre mâchoire est relâchée (il y a un petit espace entre vos dents).

6. Observez maintenant votre respiration sans suivre vos pensées. Imaginez que vous reliez le ciel et la terre. Profitez de ce calme intérieur.

7. Puis rouvrez très lentement les yeux et notez ce que vous avez ressenti durant cette expérience.

_ _

_ _

_ _

8. Avez-vous éprouvé des difficultés à un moment ou à un autre ?

_ _

_ _

Commentaire

Si vous avez remarqué que vous vous balanciez d'avant en arrière ou bien sur les côtés, cela peut indiquer que vous n'êtes pas suffisamment ancré dans le sol. Lorsque les balancements diminueront, vous pourrez en conclure que vous avez pris de l'assurance.

N'hésitez pas à pratiquer cette relaxation souvent et surtout à l'expérimenter dans la nature, dans une forêt par exemple. Vous remarquerez que les ressentis sont alors différents, bien plus forts.

Exercice n° 26 (a) • La carte du corps

Votre corps a une mémoire, il garde les traces de vos expériences. Vous associez également certaines parties de votre corps à une image ou un souvenir. Nous vous proposons de « cartographier » tout cela...

Notez sur le schéma ci-dessous à quoi vous fait penser chaque partie de votre corps. Laissez venir spontanément vos idées, ne vous censurez pas.

Par exemple : genou gauche : mon déplacement de rotule à 15 ans quand je dansais ; oreilles : mon amour de la musique, etc.

Commentaire

Il y a des endroits de votre corps qui vous évoquent de nombreux souvenirs, qui ont une histoire particulière. Certains sont systématiquement associés à des images positives. D'autres sont au contraire plutôt douloureux, ils sont devenus des lieux de somatisation.

Exercice n° 26 (b) • Une autre relation au corps

Après avoir fait l'exercice précédent, vous savez désormais que certaines parties de votre corps sont liées dans votre esprit à des images ou des expériences négatives. Nous avons en effet tendance à imprimer en nous les sensations désagréables. En PNL[1], on appelle cela l'« ancrage », comme une empreinte. Alors pourquoi ne pas imprimer autre chose ?

Reprenez le schéma de l'exercice précédent et notez, là où vous avez noté des sensations négatives, ce que vous aimeriez ressentir et voir de positif. Cela peut aussi être un son, une couleur...

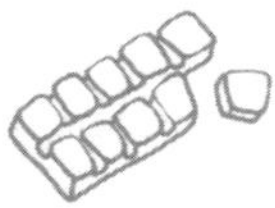

Commentaire

Gardez précieusement ce nouveau programme, afin de le regarder souvent.

Vous pouvez aussi faire une petite relaxation en laissant émerger les nouvelles images positives associées à chaque partie du corps. Commencez par exemple par détendre vos pieds et pensez à l'image positive que vous leur avez associée. Puis faites de même avec vos jambes, et ainsi de suite jusqu'à la tête.

1. Programmation neurolinguistique.

Votre relation au corps et à vous-même sera plus douce. En ayant une relation harmonieuse avec votre corps, porteur d'ancrages positifs, celui-ci devient un support pour votre bien-être, ce qui contribue à votre charisme.

Exercice n° 27 • Petit bilan corporel

Au terme de cette partie liée au corps, il est temps de faire le point sur ce que vous ont apporté ces exercices.

Répondez aux questions ci-dessous en prenant à chaque fois quelques minutes pour réfléchir.

1. Qu'avez-vous découvert en lien avec votre corps grâce à ces exercices ?

2. Quels nouveaux comportements allez-vous adopter ces prochaines semaines ?

3. Laissez passer un mois et revenez ici faire le point. Y a-t-il des changements positifs notables ?

----

4. Avez-vous réussi à tenir vos bonnes résolutions ? Pourquoi ?

Commentaire

Si vous avez répondu « oui » à la question 3*, félicitations ! À présent, faites en sorte que ces changements deviennent une seconde nature.*

Si vous avez répondu « non » à la question 3*, demandez-vous quels ont été vos freins. Vous pouvez tenter de refaire certains exercices pour améliorer les choses. Quoi qu'il en soit, soyez patient, il s'agit de modifications en profondeur qui peuvent prendre du temps.*

4

Cultiver l'art du relationnel

« Les relations sont sûrement le miroir dans lequel on se découvre soi-même. »
Jiddu Krishnamurti

Un être charismatique est un être de relation. Ouvert et curieux des autres, il aime être connecté à eux et sait se faire apprécier. Il fait le premier pas au lieu d'attendre que l'on vienne à lui.
Naturel, il ne joue pas à être quelqu'un d'autre. Il parvient à être vu sans en faire trop, à tenir des propos marquants et intéressants et à se faire écouter. Sa qualité de présence est remarquable.
Cette partie va vous livrer quelques règles de communication à mettre en pratique pour faciliter vos contacts avec les autres.

Exercice n° 28 • Êtes-vous sociable ?

Dit-on de vous que vous êtes un vrai sauvage ou êtes-vous au contraire systématiquement invité en soirée pour votre facilité à discuter avec tout le monde ? Commencez par analyser votre « niveau » de sociabilité.

Pour chacune des situations suivantes, entourez la réponse qui correspond à ce que vous faites la plupart du temps.

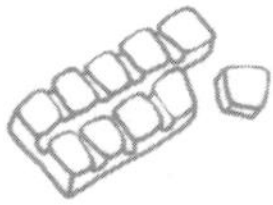

1. Lorsque vous rencontrez quelqu'un pour la première fois :

a) vous lui souriez immédiatement.

b) vous ne souriez que s'il vous sourit lui aussi.

c) vous ne souriez jamais au premier venu, ça ne fait pas sérieux.

2. En public, vous êtes :

a) authentique et transparent, tout se voit sur votre visage.

b) toujours de bonne humeur (vous êtes à l'aise le plus souvent).

c) impassible, les autres n'ont pas à être informés de vos états d'âme.

3. Lorsque vous saluez quelqu'un :

a) vous lui faites la bise, lui donnez une accolade ou lui serrez la main.

b) vous le faites toujours de loin, car vous détestez les contacts systématiques.

c) vous lui faites la bise ou pas, selon votre degré d'intimité.

4. Quand vous échangez verbalement avec quelqu'un :

a) vous ne le regardez pas trop dans les yeux, il pourrait prendre cela pour une tentative de séduction.

b) vous le regardez droit dans les yeux.

c) vous avez souvent du mal à soutenir son regard, surtout si vous êtes un peu impressionné.

5. Des amis vous proposent de vous présenter à leurs voisins avec qui ils ont sympathisé.

a) Pourquoi pas... En revanche, vous les laisserez vous questionner. Après tout, vous ne les connaissez pas !

b) Chouette, vous adorez rencontrer de nouvelles personnes ! Vous leur posez plein de questions, vous êtes tellement curieux de découvrir leur personnalité.

c) Non merci ! Rencontrer de nouvelles personnes vous demande de gros efforts, car vous ne savez jamais quoi dire.

6. En majorité, vos amis sont :

a) peu nombreux, tous à peu près du même âge, du même pays et travaillant dans des secteurs assez proches.

b) très peu nombreux et triés sur le volet. Vous aimeriez rencontrer d'autres personnes, mais vous êtes souvent déçu.

c) nombreux, éclectiques, d'âges, de sexes et d'origines sociales très différents.

7. Lorsqu'une conversation prend un tournant conflictuel :

a) vous arrondissez les angles, vous présentez les choses de manière pacifique et vous conciliez les besoins de chacun. Vous n'aimez pas les conflits, qui ne mènent à rien de bon.

b) vous vous taisez ou vous faites croire que vous êtes d'accord, car ce type de rapport vous terrifie.

c) vous insistez pour affirmer votre point de vue, au risque d'envenimer la situation. Le conflit ne vous fait pas peur !

Analyse des réponses

Reportez vos réponses dans le tableau ci-dessous.

	A	B	C
1	a	b	c
2	b	a	c
3	a	c	b
4	b	a	c
5	b	a	c
6	c	a	b
7	a	b	c

Si vous avez un maximum de réponses A*, vous êtes très sociable, que ce soit inné ou que vous ayez travaillé dans ce sens. Continuez ainsi et vous obtiendrez de très beaux résultats.Vous avez la clef qui ouvre de nombreuses portes : vous aimez les gens !*

Si vous avez un maximum de réponses B*, vous aimez les autres, mais vous ne savez pas toujours comment entrer en contact avec eux.Vous êtes plutôt émotif et votre humeur est instable.Vous êtes sensible et généreux, peut-être timide.*

Si vous avez un maximum de réponses C*, vous êtes un peu misanthrope. Ce n'est pas que vous n'aimez pas les gens, mais leur contact occasionne tant de stress que vous préférez être seul.Vous vous protégez beaucoup et avez très peur que les autres découvrent votre sensibilité.*

Exercice n°29 • Le « capital sympathie »

Imaginez que, dans un cocktail, on vous présente à quelqu'un. Comment vous comportez-vous ?

Entourez les réponses qui vous correspondent.

1. Vous êtes accueillant et adoptez un comportement d'ouverture (épaules droites, bras ouverts, expression du visage joviale).

2. Vous vous tenez un peu à distance.

3. Le contact est difficile, vous ne savez pas quoi dire.

4. Vous êtes curieux d'en savoir plus sur cette personne.

5. Vous discutez avec la personne rencontrée, et recherchez vos points communs que vous vous empressez de souligner.

6. Vous ne faites que répondre à ses questions.

7. Vous ne faites pas d'effort pour retenir son prénom, vous allez l'oublier dans la minute qui suit.

8. Vous mémorisez assez vite son visage et son prénom.

9. Vous créez une complicité avec la personne grâce à un mot d'esprit.

10. Lors des silences, vous attendez qu'elle continue la conversation.

11. Vous discutez de la raison de sa présence à la soirée (qui l'a invitée, avec qui est-elle venue, etc.), afin de créer l'opportunité de la présenter à d'autres personnes que vous connaissez.

12. Si vous venez d'être présenté à une personne du sexe opposé, vous préférez rester près d'elle. On ne sait jamais, si elle disparaissait.

13. Si vous venez d'être présenté à une personne du sexe opposé, vous lui proposez de se rapprocher du buffet afin de boire un verre et de grignoter tout en discutant.

Commentaire

Reportez vos réponses dans le tableau ci-dessous et comptez le nombre de ✸ et de ❄.

1	2	3	4	5	6	7	8	9	10	11	12	13
✸	❄	❄	✸	✸	❄	❄	✸	✸	❄	✸	❄	✸

***Si vous avez un maximum de ✸,** vous avez un bon capital sympathie, que vous avez su développer. N'hésitez pas à utiliser les pistes suggérées par les réponses ✸ que vous n'avez pas cochées pour les expérimenter lors d'une prochaine mondanité.*

***Si vous avez un maximum de* ❊*, vous devez développer votre capital sympathie au plus vite ! Regardez toutes les réponses ✹ et sélectionnez-en deux qui vous semblent faciles à mettre en pratique à une prochaine soirée. Ne vous en demandez pas trop ! Plus vous mettez la barre haut, plus vous avez de chance de rater votre objectif. Rome ne s'est pas faite en un jour…*

Exercice n° 30 • Stop au sauvetage !

Une personne qui a du charisme est une personne attentive aux besoins des autres. Néanmoins, elle doit avoir également conscience des siens, car il ne s'agit pas de tomber dans le « sauvetage ». Vérifiez avec le questionnaire ci-dessous que vous n'avez pas ce travers.

Pour chacune des situations suivantes, cochez la réponse qui vous correspond en étant le plus honnête possible.

1. Quand quelqu'un ne trouve pas un mot pour finir sa phrase :

a) vous attendez qu'il lui revienne à l'esprit.

b) vous lui soufflez ce mot.

c) vous en profitez pour placer ce que vous aviez à dire.

2. Vous êtes avec des amis. L'un d'eux raconte sa rupture, puis se met à pleurer.

a) Vous lui tendez un Kleenex.

b) Vous attendez qu'il vous demande un mouchoir.

c) Vous ne faites rien, car les larmes vous gênent.

3. Un de vos amis vous téléphone, car il a des soucis.

a) Vous cherchez quoi dire, impuissant, et vous culpabilisez de ne rien pouvoir faire pour lui.

b) Vous courez chez lui pour le consoler.

c) Vous compatissez et parvenez à le réconforter, car vous savez trouver les mots justes.

4. Vous arrive-t-il de venir en aide à des personnes qui ne vous ont pas clairement exprimé qu'elles avaient besoin de vous ?

a) Oui **b)** Non

5. Vous sentez-vous coupable ou fautif lorsque quelqu'un de votre entourage éprouve des difficultés à se prendre en charge ?

a) Oui **b)** Non

6. Vous sentez-vous quelquefois en colère parce que vous êtes convaincu qu'une personne irait beaucoup mieux si elle suivait vos conseils ?

a) Oui **b)** Non

7. Vous arrive-t-il de vous sentir exploité dans votre travail et d'avoir l'impression que vous n'êtes pas apprécié malgré tout ce que vous faites pour aider les autres ?

a) Oui **b)** Non

Analyse des réponses

Reportez vos réponses dans le tableau ci-dessous, puis comptez le nombre de ☆.

	1	2	3	4	5	6	7
a	X	☆	☆	☆	☆	☆	☆
b	☆	X	☆	X	X	X	X
c	X	X	X	–	–	–	–

Si vous avez plus de 4 ☆, *vous êtes dans le sauvetage. Vous ne pouvez vous empêcher de voler au secours des personnes que vous* *voyez comme des victimes. Attention, vous risquez d'alimenter le jeu psychologique des personnes secourues : la victimisation ! Par ailleurs, votre comportement vous place dans une situation inconfortable et peut vous mener à l'épuisement. Restez vigilant et réfléchissez bien avant de voler au secours des gens.*

Exercice n° 31 • Le cercle relationnel

Votre cercle relationnel est composé de toutes les personnes que vous côtoyez régulièrement ou qui comptent pour vous. À vous de le représenter !

Dessinez votre cercle relationnel en respectant les consignes ci-dessous.

Positionnez par rapport à vous toutes les personnes de votre entourage, plus ou moins près selon l'intensité et la qualité de votre relation. Vous pouvez faire appel à votre créativité en dessinant de petits symboles qui les représentent. En voici quelques exemples, n'hésitez pas à en inventer !

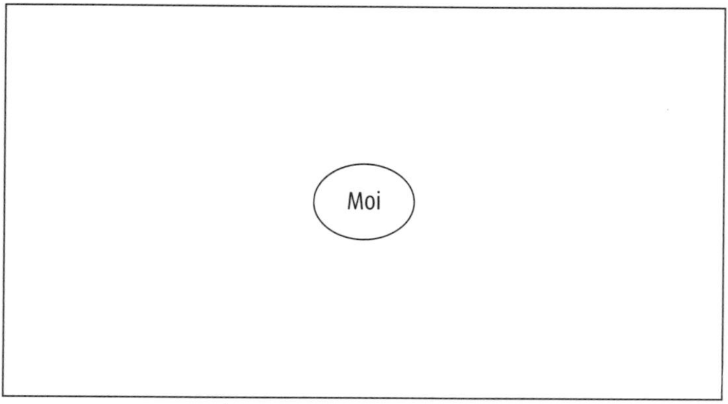

Commentaire

Cet exercice vous permet de prendre conscience de votre paysage relationnel, mais aussi de prendre du recul par rapport à lui.

Peut-être avez-vous réalisé que certaines personnes sont trop éloignées de vous. Vous les voyez peu ou vous partagez peu avec elles. C'est l'occasion de prendre votre téléphone et de renouer contact. Inversement, les personnes les plus proches de vous sont-elles les « bonnes » ? Les relations que vous entretenez avec elles sont-elles nourrissantes ou bien oppressantes ?

Exercice n° 32 • Jouez au paysagiste

Peut-être le paysage relationnel que vous avez dessiné à l'exercice précédent n'est-il pas idéal... Nous vous proposons maintenant de jouer au paysagiste et de le modifier comme bon vous semble.

Suivez les consignes ci-dessous.

Dessinez un nouveau schéma relationnel en repositionnant vos relations telles que vous souhaiteriez qu'elles soient.

Vous pouvez faire cet exercice dans l'espace. Positionnez-vous au centre d'une pièce, chez vous. Munissez-vous de coussins ou d'objets qui symbolisent les personnes de votre entourage et positionnez-les autour de vous. Modifiez ensuite l'emplacement des coussins, en revenant à chaque fois à votre place au centre, jusqu'à ce que vous vous sentiez bien physiquement. Vous pouvez alors reporter votre installation sur votre schéma.

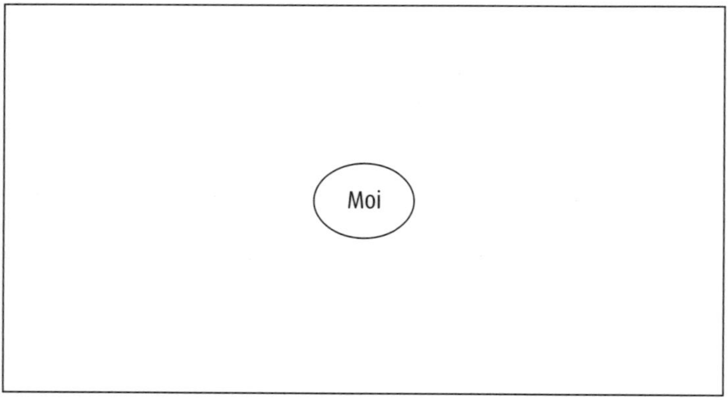

Commentaire

Cet exercice et celui qui précède vous ont permis de visualiser votre paysage relationnel. Peut-être avez-vous pris conscience de certaines relations « limitantes ». Dans ce cas, vous pouvez donner la priorité aux relations les plus épanouissantes ou aller à la rencontre d'autres personnes.

Exercice n° 33 • Les outils de la PNL

La PNL[1] (programmation neurolinguistique) est une méthode de développement personnel et professionnel.

Suivez les instructions ci-dessous afin de vous familiariser avec quelques principes de la PNL, bien utiles pour mieux communiquer !

1. Elle est aussi utilisée en psychothérapie : on l'appelle alors « PNL-Thérapeutique » ou « PNL-T ».

1. **« La carte n'est pas le territoire. »** Nous avons chacun fabriqué une sorte de carte du monde, qui traduit la perception subjective que nous en avons. Cette carte très personnelle est établie en fonction de nos expériences, elle ne correspond pas à la réalité.

Pensez à un moment où vous n'étiez pas d'accord avec quelqu'un. En quoi votre attitude aurait-elle été différente si vous aviez tenu compte de la vision du monde de votre interlocuteur ?

----

2. **« Tout comportement est généré par une intention positive. »** Prenons un exemple simple. Quelqu'un qui a peur, consciemment ou inconsciemment, se met en colère pour éviter ce dont il a peur. Son intention positive n'est donc pas d'être en colère, mais d'éviter ce qui lui fait peur.

Repensez à une scène durant laquelle vous n'avez pas du tout apprécié l'attitude de quelqu'un. Revivez-la en tenant compte d'une éventuelle intention positive de la part de cette personne. En quoi est-elle différente ?

Repensez à un comportement que vous regrettez. Quelle était votre intention positive à l'origine de ce comportement ?

----

3. **« Il n'est pas possible de ne pas communiquer. »** Nous envoyons de multiples signaux sans en avoir conscience *via* notre attitude, nos gestes, notre regard... Ce langage non verbal a une place très importante dans la communication que nous établissons avec les autres.

Observez les gens où que vous soyez et décryptez leur langage non verbal. Que traduit-il ? Est-il facilement déchiffrable ?

Commentaire

1. *À présent, dès que vous serez en présence d'une personne avec qui vous n'êtes pas d'accord, vous penserez : « Nous sommes sur le même territoire, mais nous n'avons absolument pas la même carte. » Pour aller plus loin, tentez de découvrir ce que contient sa carte.*

2. *Envisager les situations sous cet angle de vue permet de prendre du recul face à l'attitude de certaines personnes et d'adopter la vision du « sage ».*

3. *Vous savez à présent que tout est langage. Observez-vous en réunion par exemple, alors que vous ne prenez pas la parole : vous regardez telle ou telle personne, vous souriez plus ou moins, vous bougez sur votre chaise, vous jouez avec votre stylo, vous hochez la tête quand vous approuvez, vous froncez les sourcils quand vous n'êtes pas d'accord...*

Exercice n° 34 • Une poignée de main convaincante

La poignée de main étant le premier message corporel que vous donnez, il est important de savoir ce que vous envoyez comme information lorsque vous saluez votre interlocuteur.

Durant une journée, soyez attentif à votre poignée de main, puis remplissez le questionnaire suivant (plusieurs réponses sont possibles à une même question).

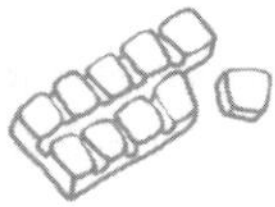

1. Votre poignée de main est :

a) très ferme.

b) ferme.

c) molle

d) très molle.

2. Votre poignée de main s'adapte-t-elle à celle d'autrui ?

a) Sa pression est ferme quand celle de l'autre est ferme.

b) Sa pression est légèrement dynamique lorsque celle de l'autre est molle.

c) Si vous êtes une femme face à un homme, vous serrez un peu plus. Si vous êtes un homme face à une femme, vous serrez un peu moins.

3. Lorsque vous tendez la main à quelqu'un, votre paume est :

a) légèrement tournée vers le haut.

b) légèrement tournée vers le bas.

c) totalement perpendiculaire au sol.

4. Ensuite, lors de la poignée de main elle-même, votre paume est :

a) légèrement tournée vers le haut.

b) légèrement tournée vers le bas.

c) totalement perpendiculaire au sol.

5. Lorsque vous serrez la main :

a) vous saisissez le bout des doigts de votre interlocuteur.

b) vous lui saisissez la main à pleine paume.

c) vous le tirez à vous.

d) vous vous adaptez lorsqu'il vous tire légèrement à lui.

e) vous vous écartez un peu lorsqu'il vous repousse.

6. La plupart du temps, vos mains sont :

a) fraîches.

b) froides.

c) sèches.

d) humides.

e) chaudes.

Commentaire

Voici les caractéristiques de la poignée de main « idéale » : sa pression est adaptée à l'autre. La paume est perpendiculaire au sol (si elle est vers le ciel, vous envoyez un signal d'ouverture et de soumission ; si elle est vers le sol, vous transmettez un signal de domination et d'autoritarisme). La poignée de main dure trois secondes, les mains peuvent se secouer une à deux fois, mais pas plus. Pendant que vous serrez la main, votre regard est direct, et vous souriez, en donnant votre nom (si vous vous présentez) ou celui de la personne (si vous la connaissez, par exemple : « Bonjour Brigitte »).

La poignée à deux mains est à réserver aux personnes proches ou à qui vous souhaitez transmettre chaleur et sympathie.

À présent, amusez-vous à « calibrer » votre poignée de main et à observer celle de vos interlocuteurs.

Exercice n° 35 • Face au silence

Nous avons tous le souvenir d'un silence pesant lors d'une conversation avec une personne que nous ne connaissions pas bien, et de nos tentatives désespérées pour en sortir.

Imaginez-vous dans les situations décrites ci-dessous et répondez aux questions posées.

1. Vous dînez avec une personne que vous connaissez depuis peu. Soudain, un silence s'installe… Que faites-vous ?

2. Peu de temps après, le silence se fait à nouveau. Comment réagissez-vous ?

3. Qu'en concluez-vous vis-à-vis de votre relation ?

4. La prochaine fois que le silence s'installera en présence de quelqu'un, laissez-le prendre sa place sans chercher à tout prix à le rompre. Comment vous êtes-vous senti ? Que s'est-il passé ensuite ? Ce silence a-t-il eu un impact sur votre relation ?

Commentaire

*N'ayez pas peur des silences, beaucoup de choses peuvent se passer durant ces moments-là, surtout pendant un premier dîner d'amoureux. Une communication non verbale peut ainsi s'établir (voir exercice **n° 38**). Une personne à l'aise avec le silence est une personne à l'aise avec elle-même.*

Exercice n° 36 • Face au trac

Nous sommes tous amenés un jour ou l'autre à parler en public, lors d'une réunion professionnelle, d'une conférence, d'un mariage... Si les personnes adeptes de ce genre de performances sont rares, certains individus perdent alors en revanche tous leurs moyens. Et vous, comment gérez-vous vos émotions face à un public ?

La prochaine fois que vous devez parler en public, observez votre comportement (ou, mieux, filmez-vous ou enregistrez-vous), puis répondez aux questions suivantes.

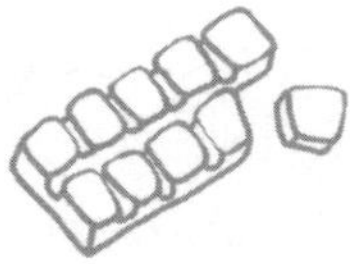

1. Comment vous sentiez-vous avant votre présentation ?

2. Comment vous sentiez-vous durant votre présentation ?

3. Si vous étiez stressé, quelles ont été les manifestations physiques de ce stress ? Avez-vous essayé de vous calmer ? Comment ?

4. Durant votre présentation, regardiez-vous votre auditoire ? Preniez-vous votre temps ou aviez-vous l'air « pressé » ?

5. Comment était votre respiration ? Et votre voix ?

6. Si vous avez pu vous filmer, regardez votre « prestation » en imaginant qu'il ne s'agit pas de vous. Que donneriez-vous comme conseil à cette personne pour réussir sa prochaine prise de parole en public ?

Commentaire

Une personne charismatique paraît la plupart du temps à l'aise, elle ne se laisse pas déborder par des gestes parasites liés au trac (débit incompréhensible, transpiration excessive, tics nerveux, etc.).

Le trac étant une manifestation saine et normale, ne tentez pas de le faire disparaître totalement. Acceptez-le ! C'est le meilleur moyen d'avoir le dessus sur lui et de diminuer ses manifestations gênantes. Voici en résumé ce que vous pouvez déjà faire : respirez profondément et calmement, regardez vos auditeurs, souriez-leur, soyez attentif à votre voix et à votre diction, et surtout prenez votre temps !

Exercice n° 37 • Les mots en or

Pour que votre discours ait de l'impact, certaines formulations sont préférables à d'autres. Elles facilitent la communication et incitent l'autre à poursuivre l'échange.

Reformulez les phrases ci-dessous pour faciliter l'échange avec votre interlocuteur.

Il faut que vous fassiez avancer les choses.

Nous allons faire avancer les choses ensemble.

1. J'exige que tout soit terminé dans un mois.

_ _

_ _

2. Je veux être tenu au courant.

----

3. Quand on veut, on peut.

----

4. Vous devez impérativement me réaliser ce tableau pour demain.

----

5. Soyez dans mon bureau à 15 heures.

Pistes de solution

1. Je souhaite que tout soit terminé dans un mois.

2. J'aimerais être tenu au courant.

3. Je sais que vous faites de votre mieux.

4. Il est impératif que ce tableau soit terminé pour demain, je sais que cela vous demande de laisser de côté d'autres choses.

5. J'aimerais vous voir dans mon bureau à 15 heures. Est-ce que cela vous convient ?

Certains « mots en or » ou formulations de phrase facilitent la communication. Bien sûr, n'oubliez pas que l'attitude qui va avec est tout aussi importante. Si vous formulez une requête urgente, expliquez ce qui se passe à votre interlocuteur. Ainsi il comprendra la situation, votre demande deviendra cohérente et vous aurez toutes les chances qu'il la satisfasse.

Soyez souriant, car le sourire est un signal de non-agression qui signifie « voyez comme je vous veux du bien ». Ce message est reçu par certaines parties du cerveau de votre interlocuteur, qui le traduisent par « personne non dangereuse ». Faites également attention à votre poignée de main (voir exercice ***n° 34****) et pratiquez l'écoute active (voir exercice suivant).*

Exercice n° 38 • L'écoute active

Voici un petit exercice d'initiation à l'écoute active. Comme son nom l'indique, il s'agit d'écouter en participant, ce qui va créer un lien de qualité avec la personne qui parle.

La prochaine fois que vous aurez une discussion avec quelqu'un, essayez de mettre en pratique les conseils ci-dessous.

1. Lorsque votre interlocuteur est peu prolixe, posez des questions ouvertes : « comment », « quoi », « pourquoi », afin de recueillir le maximum de données.

2. Face à une personne bavarde, si vous avez besoin de recueillir des informations précises, posez au contraire des questions fermées : « Est-ce que... ? » Ainsi, la réponse de votre interlocuteur ne contiendra que quelques mots.

3. Répétez les mots employés par la personne qui vous fait face.

4. Portez votre attention sur le contenu du discours de votre interlocuteur, mais surtout sur ses ressentis. Reformulez avec vos mots les sentiments qu'il exprime.

5. Concluez la conversation en reprenant les points importants qui ont été formulés et les éventuelles décisions prises.

6. Avez-vous réussi à mettre en pratique ces conseils ? Qu'avez-vous constaté de différent dans vos échanges par rapport à d'habitude ?

Commentaire

En utilisant ces clés de l'écoute active, vous créez un climat de compréhension et de confiance, qui incite au dialogue. Vous augmenterez ainsi votre « capital sympathie » auprès de vos interlocuteurs, et vous ferez apprécier davantage.

Exercice n° 39 • Petit bilan relationnel

Qu'avez-vous retenu des exercices de cette partie ?

L'art du relationnel, c'est... Remplissez les espaces « solaires » du schéma ci-dessous.

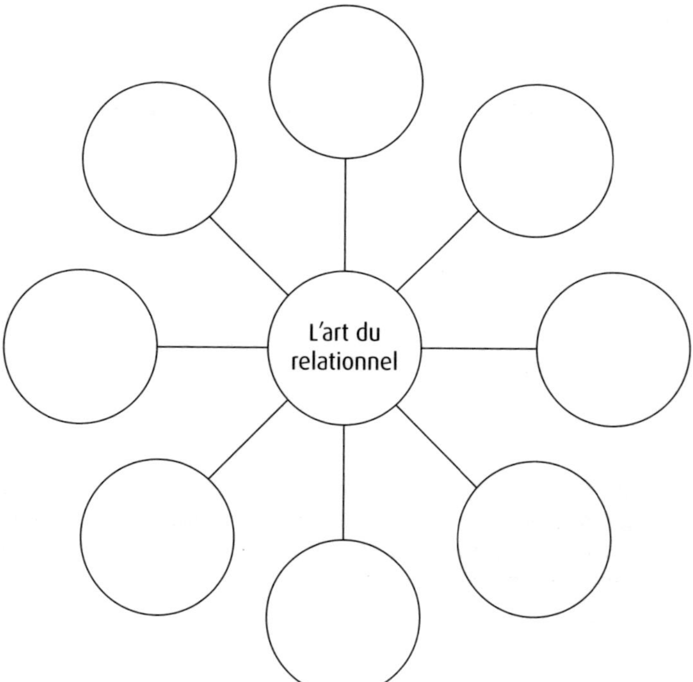
L'art du relationnel

Commentaire

Cultiver l'art du relationnel, c'est savoir observer l'autre, être curieux de lui, savoir l'écouter, être ouvert et avoir une bonne sociabilité. Un capital sympathie et un bon cercle relationnel sont aussi indispensables.

À présent, vous savez entrer en contact avec autrui, communiquer et déjouer certains pièges relationnels. Vous avez ainsi plus de moyens d'exprimer qui vous êtes véritablement. Plus sûr de vous, prêt à oser, vous êtes maintenant capable de développer votre rayonnement.

5

Rayonner

« Aimer, c'est envoyer de la lumière [...]
Être aimé, c'est être rayonnant. »
Rainer Maria Rilke

Voici la dernière partie de cet ouvrage, mais pas la moindre ! Le rayonnement est une étape agréable du processus, mais qui demande du temps. On ne rayonne pas du jour au lendemain, à moins d'avoir des prédispositions particulières.

C'est en vous rapprochant de vous, en cultivant un état de paix intérieure et en prenant conscience de votre lumineuse personnalité que votre rayonnement deviendra petit à petit visible par les autres.

Exercice n° 40 • Votre « capital image »

Comment les autres vous voient-ils ? Repensez aux remarques qu'ils ont pu vous faire (ou demandez-leur directement si vous vous en sentez capable !).

Répondez à chaque question en prenant une minute de réflexion à chaque fois.

1. Vos amis vous trouvent-ils séduisant ?

2. Que trouvent-ils de plus séduisant en vous ?

3. Quels compliments vous ont-ils faits ?

4. Quel est le plus beau compliment que vous ayez reçu ?

----

5. Quel est le compliment qui remporte l'unanimité, c'est-à-dire celui qui revient le plus souvent ?

----

6. Quels sont les tenues vestimentaires, coiffures et bijoux qui ont suscité le plus de compliments ?

----

7. Vos amis vous ont-ils conseillé de changer de coiffure ou de couleur de vêtements, etc. ?

Commentaire

Nous n'avons pas toujours conscience de notre image. Or connaître son « capital image » est indispensable pour développer votre charisme. Notez ce que vos amis ont pu vous conseiller et tentez d'appliquer leurs conseils, vous serez peut-être agréablement surpris. Ainsi, vous vous découvrirez encore un peu plus.

Exercice n° 41 • Faites-vous remarquer !

En soirée, il vaut mieux être admiré qu'admirer les autres dans son coin. Comment faire pour être visible par un maximum de personnes en utilisant vos cinq sens ?

Imaginez-vous en soirée et répondez aux questions suivantes.

1. Que ferez-vous pour être vu par la majorité des personnes présentes ?

2. Que ferez-vous pour être écouté et avoir de l'impact auprès de vos interlocuteurs ?

3. Que ferez-vous pour entrer en contact physiquement avec vos interlocuteurs ?

----

4. Que ferez-vous pour être remarqué au niveau olfactif ?

Commentaire

1. *Déplacez-vous souvent afin d'être aperçu par le plus de monde possible et choisissez votre tenue en conséquence. C'est en effet à partir d'elle que les gens se feront une première idée de vous (voir exercice* ***n° 44****). Élégance et subtilité sont de rigueur.*

2. *Ayez une écoute active (voir exercice* ***n° 38****) et faites quelques compliments à vos interlocuteurs (ne tombez pas dans l'excès, car vous obtiendrez l'effet inverse). Pour être entendu, il est nécessaire de parler de manière audible, mais, attention, ne criez pas ! Une autre astuce pratique consiste à interpeller la personne avec qui vous conversez par son prénom une ou deux fois dans la conversation. Utilisez aussi votre regard, qui doit être franc et amical.*

3. *Touchez légèrement les gens avec qui vous discutez en posant votre main sur leur épaule ou sur leur bras. Le fait d'entrer en contact physiquement avec son interlocuteur est une arme de séduction très efficace. Utilisée avec finesse, elle permet d'obtenir bien plus qu'on ne le pense.*

4. *N'oubliez pas la dimension olfactive en choisissant un parfum attractif et légèrement sensuel.*

Exercice n° 42 • Une voix qui séduit

La voix et l'élocution ont une importance non négligeable dans le processus de séduction. Nous vous proposons ici d'étudier les vôtres. Bien sûr, elles varient en fonction des circonstances : si vous êtes au téléphone, si vous ressentez une émotion vive ou bien si vous devez discourir en public, votre façon de parler sera différente...

Enregistrez votre voix, puis écoutez-la et remplissez le tableau ci-dessous.

	Oui	Non	Ne sais pas
Votre voix est plutôt aiguë.			
Votre voix est plutôt grave.			
Votre voix est claire et audible.			
Vous ânonnez.			
Vous bafouillez, vous ponctuez votre discours de « heu... ».			
Vous parlez très lentement.			
Vous parlez très rapidement.			
Vous avez le souffle court.			
Vous semblez avoir une bonne respiration.			
Votre expression est monocorde (sur un seul ton).			
Votre expression est mélodieuse.			

Commentaire

Pour avoir de l'impact, votre phrasé et votre voix doivent refléter votre harmonie intérieure. Si vous constatez que votre voix est aiguë, que vous bafouillez ou que vous ânonnez, que votre souffle est court ou que votre voix est monocorde, essayez de modifier cela. Néanmoins, ce n'est pas évident de travailler seul sur ces points. Si cela vous dérange vraiment, vous pouvez prendre rendez-vous avec un professionnel qui vous apprendra à « poser » votre voix. C'est ce que font les comédiens et les orateurs.

Exercice n° 43 • La posture

À quoi voit-on que quelqu'un a du charisme ? À la façon dont il habite son corps !

Observez-vous puis passez à l'action en respectant les consignes ci-dessous.

1. Dans la rue, marchez-vous le regard droit devant vous ou regardez-vous vos chaussures ? Vos épaules sont-elles ouvertes vers l'arrière ou plutôt vers l'avant ?

2. Si vous regardez vos chaussures ou si vos épaules sont recroquevillées, fixez-vous pour objectif demain de marcher dans la rue en regardant droit devant vous, les épaules bien ouvertes. Qu'est-ce que cela change ? Vous sentez-vous différent ? Vous regarde-t-on différemment ?

3. Lorsque vous parlez en public, vos bras sont-ils le long du corps ou bien bougent-ils un peu au rythme de votre discours ?

4. Si vos bras restent immobiles, fixez-vous pour objectif dans les prochains jours d'oser rythmer votre discours avec vos mains (sans exagérer bien sûr) dès que vous aurez à parler en public. Cela a-t-il été facile ? Avez-vous eu l'impression que votre discours avait un impact différent ?

5. Lorsque vous êtes en réunion, restez-vous adossé au fauteuil ou vous approchez-vous de la table afin de prendre légèrement appui dessus ?

6. Si vous restez assis tout au fond de votre chaise, fixez-vous comme objectif, au cours d'une prochaine réunion, de vous avancer afin d'être vu. Vous sentez-vous davantage impliqué dans ce qui se dit ?

Commentaire

L'attitude corporelle est un point essentiel du charisme. N'oubliez pas qu'elle reflète ce que vous êtes à l'intérieur. Il s'agit là d'une autre forme de langage, plus subtil certes, mais que l'inconscient de votre interlocuteur capte en un temps record. Ne dit-on pas que tout se joue en quelques secondes, juste le temps de dire bonjour ?

Essayez d'adopter les comportements proposés ci-dessus, vous véhiculerez une autre image de vous-même.

Exercice n° 44 • Un peu de fantaisie

Nous vous proposons d'attirer les regards en ajoutant un peu de fantaisie dans votre apparence physique.

Jouez le jeu en suivant les instructions ci-dessous.

1. Demain, vous ferez en sorte que tout le monde vous remarque (sans que ce soit parce que vous êtes ridicule bien sûr !), en adoptant une tenue particulière, en vous maquillant différemment, en changeant de coiffure, en utilisant un accessoire original, etc. Attention, ne choisissez pas de couleurs criardes : être visible ne veut pas dire être vulgaire. Vous devez vous sentir mis en valeur, pas déguisé ! Préparez avec soin votre métamorphose.

2. Le matin, faites ce que vous aviez prévu la veille en pensant que vous allez passer une journée agréable, durant laquelle vous vous sentirez particulièrement bien dans votre peau.

3. Le soir venu, notez vos impressions : comment vous êtes-vous senti aujourd'hui ? Avez-vous senti un regard différent sur vous ? Avez-vous eu des réflexions sur votre tenue ? Vous êtes-vous comporté différemment avec les autres ?

Commentaire

Nous avons tous vécu cette formidable sensation de force et de bien-être qui nous envahit lorsque nous portons un vêtement qui nous va particulièrement bien. Pourtant, nous restons souvent dans le même style, en portant toujours les mêmes couleurs. C'est le moment d'oser être vous-même ! Prenez le risque de vous libérer de certains standards vestimentaires. Faites des choix qui vous plaisent et vous mettent à l'aise. Vous allez vous surprendre.

Exercice n° 45 • Une autre forme de contact

Entrer en contact physiquement avec votre interlocuteur est un bon moyen d'avoir de l'impact sur lui. Ainsi, vous l'« obligez » à porter toute son attention pendant quelques secondes sur une seule et même personne : vous !

Tentez de remplir la mission qui vous est confiée ci-dessous.

1. Voici votre mission : demain, vous entrerez en contact physique d'une façon ou d'une autre avec le maximum de personnes (en dehors du cercle familial). Le soir venu, faites le point.

2. Avec combien de personnes êtes-vous entré en contact ?

\- -

\- -

\- -

3. Cela a-t-il été facile pour vous ? Pourquoi ? Quelles difficultés avez-vous rencontrées ?

---

4. Que vous a apporté ce contact ? Avez-vous eu le sentiment que vos interlocuteurs étaient davantage à votre écoute, plus proches de vous ?

Commentaire

De nombreuses recherches ont mis en lumière que le fait de toucher une personne favorisait l'acceptation de la requête soumise par le « toucheur ». Les personnes influentes savent utiliser ce type d'approche. Vous pouvez poser la main sur le bras de la personne à qui vous parlez, lui toucher l'épaule pour prendre congé, utiliser la poignée de main à deux mains (certaines personnes sont très sensibles à cette poignée de main chaleureuse, qui doit conserver un caractère exceptionnel).

Prenez l'habitude d'entrer en contact avec vos interlocuteurs, vous donnerez davantage de poids à vos propos et constaterez probablement des changements dans vos relations.

Exercice n° 46 • Vous êtes un soleil !

Quoi de plus normal pour un soleil que de rayonner ? Après avoir pratiqué plusieurs fois l'exercice **n° 23**, vous pourrez vivre plus facilement cette relaxation guidée.

Suivez les instructions ci-dessous. L'idéal est de demander à quelqu'un de vous lire le texte au fur et à mesure et de noter vos réponses.

1. Asseyez-vous confortablement dans un lieu calme où vous ne serez pas dérangé. Veillez à tamiser la lumière et à couper toute sonnerie de téléphone.

2. Respirez tranquillement sans forcer et observez votre respiration. Observez les changements ressentis en vous.

3. Imaginez maintenant que les tensions que vous ressentez partent à l'expiration sous la forme d'une petite fumée grise, tandis qu'à l'inspiration, une lumière or entre dans votre corps et s'y diffuse. Faites cela plusieurs minutes jusqu'à ce que vous ressentiez qu'il se passe quelque chose en vous.

4. Votre corps est maintenant empli de lumière or. Imaginez que cette lumière grandit à chaque respiration et rayonne au-delà de votre corps, jusqu'à ce que vous ayez comme un joli nuage or tout autour de vous. Vous êtes un soleil rayonnant.

5. Restez autant de temps que vous le souhaitez avec la visualisation du rayonnement. N'oubliez pas que vous êtes un soleil. Que ressentez-vous dans votre corps (chaleur, plénitude...) ? Votre esprit est-il calme ?

6. Vous pouvez à présent noter ci-dessous la manière dont vous avez vécu chaque étape de cette expérience (émotions, sensations, pensées, etc.).

Commentaire

Mémorisez cette relaxation et pratiquez-la le plus souvent possible. Lorsque vous aurez à entrer dans un lieu public, vous pourrez visualiser facilement le rayonnement. Petit à petit, vous l'oublierez et vous rayonnerez malgré vous.

Exercice n° 47 • L'ouverture du cœur

Cet exercice s'inspire d'un maître du bouddhisme, Pema Chödrön.

- *Mettez en pratique cet exercice en respectant chaque étape.*
- *Une fois de retour chez vous, notez vos impressions.*

1. Marchez dans la rue sans direction particulière, avec l'intention de rester aussi ouvert que possible aux personnes que vous croiserez.

2. Tout en marchant, ayez conscience que la région de votre cœur s'ouvre. Visualisez un soleil au centre de votre poitrine, un soleil rempli d'amour pour le monde, qui grandit au fur et à mesure que votre attention se porte sur lui.

3. En croisant les gens, il se peut que vous ressentiez une sorte de « connexion » de cœur à cœur. Imaginez alors un cordon lumineux qui vous relie et pensez : « Puissiez-vous être heureux ! »

4. Qu'avez-vous ressenti durant cette expérience ? Comment vous êtes-vous senti ensuite ?

Commentaire

Cet exercice est un moyen de travailler l'ouverture aux autres. Il vous permet de développer votre disponibilité émotionnelle dans vos relations. L'important est de vous sentir connecté aux êtres que vous rencontrez. Petit à petit, vous rayonnerez d'amour et de compassion. N'est-ce pas cela le véritable charisme ?

Exercice n° 48 • Un futur positif

Une personne rayonnante est en accord avec elle-même et en paix avec son passé, mais aussi avec son futur. Si vous savez vous projeter dans l'avenir, si vous savez être créatif et si vous vous autorisez à croire en un lendemain qui chante, alors vous rayonnerez encore plus.

Suivez les consignes ci-après.

1. Dans un premier temps, notez sur votre ligne du temps (p. 102) tous les événements importants de votre naissance à aujourd'hui, à l'aide d'un petit trait perpendiculaire avec un titre en dessous. Vous pouvez laisser votre créativité s'exprimer en utilisant par exemple des couleurs différentes en fonction de l'importance de l'événement.

2. Cette première étape vous a-t-elle fait prendre conscience de quelque chose ?

3. Dans un deuxième temps, projetez-vous dans le futur et notez les événements que vous souhaitez vivre prochainement. Vous pouvez mettre un titre à chaque étape ou dessiner un petit symbole qui résume l'événement. Commencez par un futur proche, puis éloignez-vous de plus en plus du présent. Osez vous offrir le meilleur !

Commentaire

En visualisant un futur idéal, vous mettez toutes les chances de votre côté pour le vivre. Cette ligne du temps vous informe sur les trois ères (R) :

- *l'ère du passé : celle qui Renseigne ;*
- *l'ère du présent : celle qui Représente ;*
- *l'ère du futur : celle qui permet de Réussir (anticiper, programmer, élaborer ses projets).*

Futur
Présent
Passé

Exercice n° 49 • La photo dans le portefeuille

Respecter ses valeurs, c'est être fidèle à soi-même et donc en harmonie avec soi. Voici un exercice qui va vous aider à approfondir cette fidélité.

Respectez les étapes indiquées ci-dessous.

1. Ouvrez vos albums de famille et regroupez les photos de vous enfant.

2. Sélectionnez celle qui vous touche le plus, celle qui éveille en vous des sentiments agréables. Quels sont ces sentiments ?

3. Regardez cet enfant que vous étiez dans les yeux et dites-lui : « Je vais faire en sorte de t'aider à rester spontané et à réaliser ce que tu as toujours souhaité réaliser. » Notez les émotions, les sentiments et les pensées qui vous envahissent alors.

4. Glissez ensuite cette photographie dans votre portefeuille de façon à la voir souvent. Laissez passer quelques jours, puis reprenez cette photo et faites le point. Avez-vous eu des sensations nouvelles ? Y a-t-il eu des changements dans votre vie ? Avez-vous réalisé des projets ou mis en place de nouvelles activités ludiques ? Vous sentez-vous plus créatif, plus spontané, plus enjoué ?

Commentaire

Vous pouvez redonner la parole à l'enfant toujours présent en vous. Cet exercice s'inspire de la lecture d'une interview de Thierry Jansen[1]*, médecin et psychothérapeute, dans laquelle il relate son changement radical de vie. Il raconte la manière dont il a appris à écouter sa petite voix intérieure. Conserver la photo de soi enfant dans son portefeuille est un moyen de donner la parole à cette petite voix.*

Exercice n° 50 • La cathédrale du charisme

Devenez l'architecte de votre propre charisme en construisant sa cathédrale !

Complétez le schéma de la cathédrale (p. 106) en respectant les instructions suivantes.

1. *2E* (magazine de l'INRESS), n° 4, sept. 2009.

1. Dans la rubrique « Mes besoins », notez les mots qui résument vos besoins.

Exercices physiques, créativité...

2. Dans la rubrique « Mes valeurs fondamentales », notez ceux qui résument vos valeurs trouvées dans l'exercice **n° 6**.

Liberté, respect...

3. Dans la rubrique « Mes projets », listez ceux qui décrivent votre futur mis au jour dans l'exercice **n° 48**.

Emménager avec ma compagne.

4. Dans la rubrique « Estime et confiance en moi », écrivez une phrase qui vous ramène à plus de bienveillance envers vous-même.

J'apprécie celui que je suis dans sa globalité.

5. Partez ensuite à la recherche du talisman qui pourrait représenter ce que vous avez découvert de plus important sur vous grâce à ce livre : un cristal, un diamant, une fleur, une flamme, une étoile, un soleil, une perle, un calice, une plume, une corne d'abondance, etc. Que choisissez-vous ?

\- -

6. Une fois que vous avez choisi votre symbole, dessinez-le ou bien trouvez une photo le représentant dans un magazine. Collez-le ensuite sur le socle qui se trouve au centre de la cathédrale entre les deux colonnes.

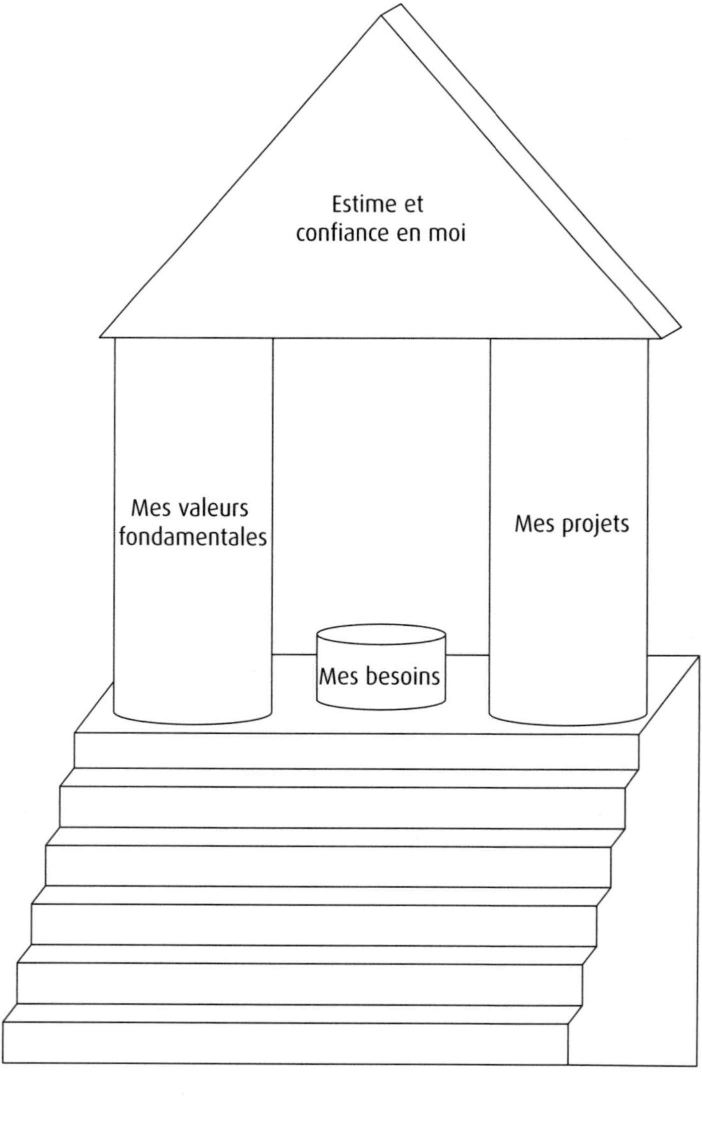
Estime et
confiance en moi
Mes valeurs
fondamentales
Mes projets
Mes besoins

Commentaire

Votre cathédrale du charisme peut être restaurée au cours des années et de votre développement personnel. Vous pourrez la rendre plus belle, plus rayonnante. Gardez précieusement cette représentation de vous-même et regardez-la de temps en temps afin de garder le contact avec votre être intérieur.

Conclusion

Avoir du charisme, c'est surtout savoir être soi-même et être spontané. Maintenant que vous vous appréciez davantage, vous pouvez vous autoriser à être vraiment vous-même en toute liberté. Remarquez comme vous êtes plus détendu. Ne vous sentez-vous pas déjà plus aimé des autres ?

Vous venez de vous faire un très beau cadeau en effectuant les exercices de ce livre. La confiance en soi incarnée dans un corps assumé entraîne une envie de partager. Face aux autres, vous rayonnez maintenant de bien-être. La sérénité et le charisme peuvent s'installer durablement en vous.

À présent, on dira de vous : « Que cette personne est agréable ! Quelle joie de vivre et quelle ouverture aux autres ! »

Pour aller plus loin

Alessandra T., *Développez votre charisme – 7 moyens pour y parvenir*, Éditions de l'Homme, 1999.

André C., *Imparfaits, libres et heureux – Pratiques de l'estime de soi*, Odile Jacob, 2009.

André C. et Lelord F., *L'Estime de soi – S'aimer pour mieux vivre avec les autres*, Odile Jacob, 2008.

Ansembourg T. (d'), *Cessez d'être gentil, soyez vrai ! – Être avec les autres en restant soi-même*, Éditions de l'Homme, 2004.

Boothman N., *Convaincre en moins de 2 minutes*, Marabout, 2009.

Chödrön P., *Quand tout s'effondre*, La Table ronde, 1999.

Nhat Hanh T., *Le Miracle de la pleine conscience*, J'ai lu, 2008.

Ready R., Burton K., et Billon C., *La PNL (programmation neurolinguistique) pour les Nuls*, First, 2008.

Ricard M., *L'Art de la méditation*, Pocket, 2010.

Rosenberg M.-B., *Les mots sont des fenêtres (ou bien ce sont des murs) – Introduction à la communication non violente*, La Découverte, 2004.

Saint Paul J. (de), *Estime de soi, confiance en soi – S'aimer, s'apprécier et croire en soi*, Dunod, 2007.

Saint Paul J. (de) et Larabi C., *50 bonnes façons de renforcer estime et confiance en soi avec la PNL*, InterEditions, 2008.

Certifié PEFC
Ce produit est issu de forêts gérées durablement et de sources contrôlées.
PEFC
10-31-2568
pefc-france.org

Achevé d'imprimer : EMD S.A.S.
N° d'éditeur : 4032 - N° d'imprimeur : 28917
Dépôt légal : janvier 2014
Imprimé en France

Cet ouvrage est imprimé - pour l'intérieur - sur papier Munken premium white 90 g des papeteries Arctic Paper, dont les usines ont obtenu la certification environnementale ISO 14001 et opèrent conformément aux normes ECF et EMAS